JN057120

第2版

介護就労を目指す

外国人の

入国および在留に関する
解説とQ&A

外国人介護職の正しい雇用のために

編著 **佐藤 修**（公益財団法人 入管協会 会長）

監修 **公益財団法人 入管協会**

KOYU 厚有出版

はじめに

　平成26年6月24日、「日本再興戦略（改訂2014）〜改革に向けての10の挑戦〜」の一つとして、「外国人が日本で活躍できる社会へ」を決定し、その中で介護分野については、①留学を通じて介護福祉士等の国家資格を取得した外国人の就労、②技能実習の対象職種として介護が検討されました。

　出入国管理行政を所管します出入国在留管理庁（以下「入管庁」といいます。）においては、平成28年11月28日、在留資格「介護」の創設等を目的とした「出入国管理及び難民認定法（以下「入管法」といいます。）の一部を改正する法律」及び技能実習制度の改革を目指した「外国人の技能実習の適正な実施及び技能実習生の保護に関する法律（以下「技能実習法」といいます。）」の公布を受け、前者については同29年9月1日、後者については、同11月1日から施行されました。これに伴い、入管法施行規則及び入管法第7条第1項第2号の基準を定める省令（以下「上陸許可基準」いいます。）等の整備及び技能実習法に係る関係法令等の整備を行いました。

　同31年4月1日からは新たな外国人材の受入れ制度の導入に伴い、在留資格「特定技能」が創設され、その受入れ範囲に介護分野が入りました。

　更に、同29年12月8日に閣議決定された「新しい経済政策パッケージ」規制改革等の介護分野における外国人材において、実務経験及び実務者の研修受講等を経た介護福祉士の国家試験合格者についても、令和2年4月1日から在留資格「介護」が認められることになり、介護分野における外国人材の受入れが多様化することになりました。

　本書は、外国人の方が日本に入国し、入管法に定める介護職として就労するための、技能実習法に基づく介護職種に関する特有な受入れ要件、在留資格「介護」及び「特定技能」に係る受入れ要件等をできるだけ分かり易く列挙しています。本誌編集に当たっては、入管法及び技能実習法等関係法令のほか、入管庁、厚生労働省及び外国人技能実習機構が公表しました資料等を参考とさせていただきました。介護人材として外国人の受入れをしようとする介護施設をはじめ、関係団体の皆様に活用していただければ幸いです。

　どうぞ本書をご活用いただきまして、外国人の適正な受入れが実りますよう、祈念します。

目　　次

第2章　特定技能の国家資格を取得した外国人の就労について

第1章

技能実習生の受入れについて

1 技能実習の対象職種に介護分野が追加されました

　介護分野における外国人材の受入れは、平成26年6月24日閣議決定した「日本再興戦略」の中で、「外国人が日本で活躍できる社会」の視点から、①高度外国人受入れ環境の整備、②外国人技能実習制度の抜本的見直し、③介護分野における外国人資格取得者の就労（留学を通じて介護福祉士等の国家資格を取得した外国人の就労を可能にすること）等が検討され、制度設計を行うこととなりました。

　こうした方針の下で、介護を所管する厚生労働省では、有識者による外国人介護人材受入れの在り方を検討し、その中間報告が同27年2月に発表されました。それによりますと、

①技能実習の対象職種に介護分野を追加する

②介護福祉士資格等を取得した留学生が卒業後国内での就労を可能とするため、在留資格の拡充を含め、制度設計を行う

③平成20年度より実施されている経済連携協定に基づく外国人介護福祉士候補者の就労活動の更なる拡充が一定の要件の下で認められること

がその要旨となっています。

　このような経緯を踏まえて、同28年11月28日、在留資格「介護」の創設等に伴う入管法の改正及び技能実習制度の抜本的な改革を伴う技能実習法が公布され、前者は同29年9月1日及び後者は同11月1日に施行されました。

　本書は、読者が期待します「①の技能実習の介護職種に関する特有な受入要件」についてできるだけ分かり易く解説しますが、その前に介護職種に関する特有な要件が技能実習制度（本体要件）の下に建てつけられている関係から、はじめに技能実習制度について理解していただくこととします。

2　技能実習制度について理解しましょう

　以下の表は入管法に定める外国人受入れ範囲を示す在留資格一覧で、「就労が認められる在留資格（活動が特定される）」にある「技能実習」に今回「介護」の職種が追加されました。

　（注）25ページ「技能実習 2 号移行対象職種」を参照願います。

入管法に定める在留資格一覧

【就労活動に制限のない在留資格】

永住者	法務大臣が永住を認める者
日本人の配偶者等	日本人の配偶者・実子・特別養子
永住者の配偶者等	永住者・特別永住者の配偶者及び日本で出生し引き続き在留している実子
定住者	日系 3 世、第三国定住難民等

【就労が認められる在留資格（就労活動が特定される）】

外交	外国政府の大使、公使、総領事等及びその家族
公用	外国政府・国際機関等の公務で派遣される者及びその家族
教授	大学教授等
芸術	作曲家、画家、著述家等
宗教	外国の宗教団体から派遣される宣教師等
報道	外国の報道機関の記者、カメラマン
高度専門職 （1 号・2 号）	ポイント制による高度人材
経営・管理	企業等の経営者・管理者
法律・会計業務	弁護士・公認会計士・行政書士等
医療	医師、歯科医師、看護師等

研究	政府関係機関や企業等の研究者
教育	高等学校・中学校等の語学教師等
技術・人文知識・国際業務	機械工学等の技術者、通訳、デザイナー、企業の語学教師等
企業内転勤	外国の事務所からの転勤者
介護	介護福祉士
興行	俳優、歌手、ダンサー、プロスポーツ選手等
技能	外国料理の調理師、スポーツ指導者、航空機等の操縦者、貴金属等の加工職等
特定技能 （1号・2号）	特定産業分野における相当程度の知識及び経験を有する技能者又は熟練技能者
技能実習（1号・2号・3号）	技能実習生

（注）　技能実習法においては第1号技能実習、第2号技能実習、第3号技能実習に区分されています。

【就労が認められていない在留資格】

文化活動	日本文化の研究者等
短期滞在	観光客、会議参加者等
留学	大学、高等専門学校、専門学校、高等学校、専修学校、各種学校、日本語教育機関等の学生
研修	研修生
家族滞在	在留外国人が扶養する配偶者・子

【就労の可否は指定される活動の内容による】

特定活動	経済連携協定に基づく外国人看護師・介護福祉士候補者等、外交官等の家事使用人、ワーキングホリデーなど

（1）技能実習制度について

　入管法に定める在留資格「技能実習」は、外国人が技能、技術又は知識（以下「技能等」といいます。）を修得するため、講習を受け、日本の公私の機関との雇用契約に基づき、日本の事業所等において、技能等を要する業務に従事することをいいます。

　この「技能実習」は入管法上技能実習1号から3号までの活動形態があり、更に受入れ形態として「イ」と「ロ」に区分され、イは「企業単独型技能実習」、ロは「団体監理型技能実習」となっており、技能実習法においては次のように区分されています。

①　企業単独型技能実習としては、

　　ア　第一号企業単独型技能実習（技能実習　　1年目）

　　イ　第二号企業単独型技能実習（　　〃　　2～3年目）

　　ウ　第三号企業単独型技能実習（　　〃　　4～5年目）

　　があります。

②　団体監理型技能実習としては、

　　ア　第一号団体監理型技能実習（技能実習　　1年目）

　　イ　第二号団体監理型技能実習（　　〃　　2～3年目）

　　ウ　第三号団体監理型技能実習（　　〃　　4～5年目）

　　があります。

（2）技能実習生受入れの形態

① 企業単独型技能実習

【企業単独型】 日本の企業等が海外の現地法人，合弁企業や取引先企業の職員を
受け入れて技能実習を実施

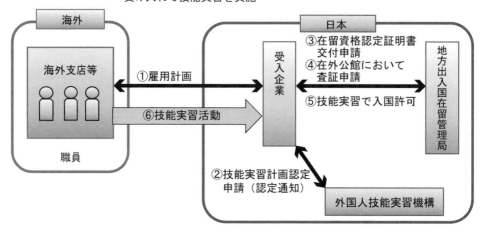

②　団体監理型技能実習

　法務大臣及び厚生労働大臣（以下「主務大臣」といいます。）により許可された監理団体（事業協同組合又は商工会等）が技能実習生を受け入れ、その監理団体の会員企業等において技能実習を実施するものです。

【団体監理型】　非営利の監理団体（事業協同組合，商工会等）が技能実習生を受け入れ，傘下の企業等で技能実習を実施

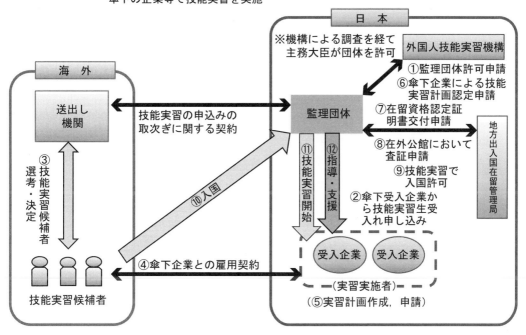

　（注）　外国人技能実習機構（以下「技能実習機構」といいます。）は技能実習の適正な実施及び技能実習生の保護を図るため、平成29年1月25日「主務大臣」の許可を得て設立された法人で、次のような業務を行います。

　①　技能実習計画の認定

　②　実習実施者・監理団体に報告を求め、実地に検査

　③　実習実施者の届出の受理

　④　監理団体の許可に関する調査

　等のほか、技能実習生に対する相談・援助等を行います。

（3）技能実習生の主たる要件

① 18歳以上であること

② 制度の趣旨を理解して技能実習を行おうとする者であること

③ 帰国後、修得等をした技能等を要する業務に従事することが予定されていること

④ 企業単独型技能実習の場合にあっては、申請者（技能実習生）の外国にある事業所又は申請者の密接な関係を有する外国の機関の事業所の常勤の職員であり、かつ、当該事業所から転勤し又は出向する者であること

⑤ 団体監理型技能実習の場合にあっては、従事しようとする業務と同種の業務に外国において従事した経験を有すること又は技能実習に従事することを必要とする特別な事情があること

⑥ 団体監理型技能実習の場合にあっては、申請者の本国の公的機関から推薦を受けて技能実習を行おうとする者であること

⑦ 同じ技能実習の段階に係る技能実習を過去に行ったことがないこと

（４）技能実習の流れ

技能実習の流れ

○入国　在留資格：「技能実習１号イ，ロ」

講習（座学）
　実習実施者（企業単独型のみ）又は監理団体で
　原則２か月間実施（雇用関係なし）
実習
　実習実施者で実施（雇用関係あり）
　※団体監理型：監理団体による訪問指導・監査

○在留資格の変更又は取得
　　在留資格：「技能実習２号イ，ロ」

①対象職種：送出国のニーズがあり，公的な技能評価制度
　　　　　　が整備されている職種（現在83職種151作業）

②対象者　：所定の技能評価試験（技能検定基礎級相当）の
　　　　　　学科試験及び実技試験に合格した者

○原則一旦帰国（１か月以上）

○在留資格の変更又は取得
　　在留資格：「技能実習３号イ，ロ」

①対象職種：技能実習２号移行対象職種と同一

②対象者　：所定の技能評価試験（技能検定３級相当）の実
　　　　　　技試験に合格した者

③監理団体及び実習実施者：一定の明確な条件を充たし，優
　　　　　　　　　　　　　良であることが認められたもの

○帰国

図中左側：
- 1年目：技能実習1号（講習／実習）
- 基礎級（実技試験及び学科試験の受検が必須）
- 2年目・3年目：技能実習2号（実習）　※在留期間の更新
- 3級（実技試験の受検が必須）
- 4年目・5年目：技能実習3号（実習）　※在留期間の更新
- 2級（実技試験の受検が必須）

（5）技能実習計画の認定申請について

①　技能実習計画の認定申請の流れ

技能実習計画の認定申請の流れは次のとおりです。

なお、技能実習計画は技能実習生ごとに、技能実習の実施に関する計画を作成することになっています。

また、団体監理型技能実習に係るものである場合は監理団体の指導に基づき、技能実習計画を作成することになります。

技能実習計画の認定申請の流れ

| 実習実施者＋監理団体 | 技能実習計画の作成 |

| 実習実施者 | 技能実習計画の認定申請 |

外国人技能実習機構
- 計画の内容や受入体制の適正性等を審査

○認定基準に適合すること
・技能実習生の本国において修得等が困難な技能等であること
・1号又は2号の技能実習計画で定めた技能検定又は技能実習評価試験に合格していること（2号又は3号の計画認定時）など
○欠格事由に該当しないこと
・一定の前科がないこと
・5年以内に認定取消しを受けていないこと
・5年以内に出入国又は労働に関する法令に関し不正又は著しく不当な行為をしていないことなど

技能実習計画の認定

| 技能実習生（監理団体が代理人） | 在留資格認定証明書の交付申請等 |

| 法務大臣（地方入管局） | 在留資格認定証明書の交付等 |

※　新規に入国する場合等は日本大使館等へ査証申請が必要

技能実習生の受入れ

②　技能実習計画の認定申請手続

技能実習計画の認定申請先となる事務所又は支所は、外国人技能実習機構のホームページで示されていますので確認をしてください。

（6）監理団体の許可申請について

①　監理団体の許可申請の流れ

監理団体の許可申請は次のとおりです。

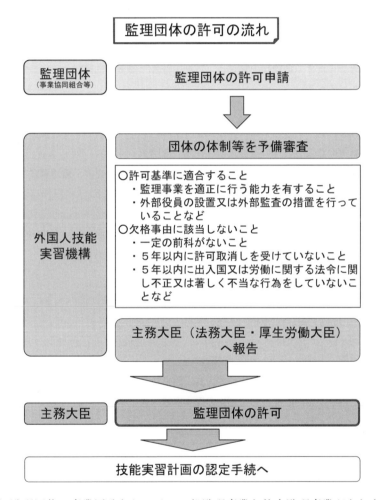

（注）監理団体の事業区分としては、一般監理事業と特定監理事業があります。

②　監理団体の許可申請手続

監理団体の許可申請先となるのは、外国人技能実習機構です。

（７）技能実習２号から３号への移行が可能となる 優良基準について

① 優良な監理団体（一般監理団体）の要件について

> **優良な監理団体（一般監理団体）の要件について**
>
> 　得点が満点（旧配点120点、新配点150点）の６割以上となる監理団体は、優良な監理団体の基準に適合することとなります。各項目の詳細は、下記一覧表（優良な監理団体（一般監理団体）の要件（詳細））を確認してください。
>
> 〈優良な監理団体の要件〉
> ① 実習の実施状況の監査その他の業務を行う体制（50点）
> ・監理事業に関与する常勤の役職員と実習監理を行う実習実施者の比率、監理責任者以外の監査に関与する職員の講習受講歴　等
>
> ② 技能等の修得等に係る実績（40点）
> ・過去３技能実習事業年度の基礎級、３級、２級程度の技能検定等の合格率　等
>
> ③ 法令違反・問題の発生状況（5点（違反等あれば大幅減点））
> ・直近過去３年以内の改善命令の実績、失踪の割合
>
> ④ 相談・支援体制（旧配点15点、新配点45点）
> ・他の機関で実習が困難となった実習生の受入れに協力する旨の登録を行っていること
> ・他の機関で実習継続が困難となった実習生の受入実績　等
>
> ⑤ 地域社会との共生（10点）
> ・実習実施者に対する日本語学習への支援
> ・実習実施者が行う地域社会との交流を行う機会・日本文化を学ぶ機会の提供への支援
>
> ※令和２年11月から同3年10月までの間は、新旧いずれかの配点を選択すること。

【優良な監理団体（一般監理団体）の要件（詳細）】　（満点　旧配点120点、新配点150点）

①	団体監理型技能実習の実施状況の監査その他の業務を行う体制	【最大50点】
		＊ 講習受講歴の加点は平成31年4月1日以降
	Ⅰ　監理団体が行う定期の監査について、その実施方法・手順を定めたマニュアル等を策定し、監査を担当する職員に周知していること	・有：5点
	Ⅱ　監理事業に関与する常勤の役職員と実習監理を行う実習実施者の比率	・1：5未満：15点 ・1：10未満：7点
	Ⅲ　直近過去3年以内の監理責任者以外の監理団体の職員（監査を担当する者に限る。）の講習受講歴	・60％以上：10点 ・50％以上60％未満：5点
	Ⅳ　実習実施者の技能実習責任者、技能実習指導員、生活指導員等に対し、毎年、研修の実施、マニュアルの配布などの支援を行っていること	・有：5点
	Ⅴ　帰国後の技能実習生のフォローアップ調査に協力すること	・有：5点
	Ⅵ　技能実習生のあっせんに関し、監理団体の役職員が送出国での事前面接をしていること	・有：5点
	Ⅶ　帰国後の技能実習生に関し、送出機関と連携して、就職先の把握を行っていること	・有：5点
②	技能等の修得等に係る実績	【最大40点】
	Ⅰ　過去3技能実習事業年度の基礎級程度の技能検定等の学科試験及び実技試験の合格率（旧制度の基礎2級程度の合格率を含む。）	・95％以上：10点 ・80％以上95％未満：5点 ・75％以上80％未満：0点 ・75％未満：－10点
	Ⅱ　過去3技能実習事業年度の2・3級程度の技能検定等の実技試験の合格率 ＊計算方法は実習実施者の①Ⅱと同じ（計算式の分母の参入対象となる技能実習生がいない場合の加点は行わない。）	・80％以上：20点 ・70％以上80％未満：15点 ・60％以上70％未満：10点 ・50％以上60％未満：0点 ・50％未満：－20点
	Ⅲ　直近過去3年間の2・3級程度の技能検定等の学科試験の合格実績 ＊2級、3級で分けず、合格人数の合計で評価	・2以上の実習実施者から合格者を輩出：5点 ・1の実習実施者から合格者を輩出：3点
	Ⅳ　技能検定等の実施への協力 ＊傘下の実習実施者が、技能検定委員（技能検定における学科試験及び実技試験の問題の作成、採点、実施要領の作成や検定試験会場での指導監督などを職務として行う者）又は技能実習評価試験において技能検定委員に相当する者を社員等の中から輩出している場合や、実技試験の実施に必要とされる機材・設備等の貸与等を行っている場合を想定	・1以上の実習実施者から協力有：5点
③	法令違反・問題の発生状況	【最大5点】
	Ⅰ　直近過去3年以内に改善命令を受けたことがあること（旧制度の改善命令相当の行政指導を含む。）	・改善未実施：－50点 ・改善実施：－30点
	Ⅱ　直近過去3年以内における失踪がゼロ又は失踪の割合が低いこと（旧制度を含む。）	・ゼロ：5点 ・10％未満又は1人以下：0点 ・20％未満又は2人以下：－5点 ・20％以上又は3人以上：－10点
	Ⅲ　直近過去3年以内に責めによるべき失踪があること（旧制度を含む。）	・該当：－50点

Ⅳ 直近過去3年以内に傘下の実習実施者に不正行為があること（監理団体が不正を発見して機構（旧制度では地方出入国在留管理局）に報告した場合を除く。）	・計画認定取消し（実習監理する実習実施者の数に対する認定を取消された実習実施者（旧制度で認定取消し相当の行政指導を受けた者を含む。）の数の割合） 15％以上　　－10点 10％以上15％未満　－7点 5％以上10％未満　－5点 0％を超え5％未満　－3点 ・改善命令（実習監理する実習実施者の数に対する改善命令を受けた実習実施者（旧制度で改善命令相当の行政指導を受けた者を含む。）の数の割合） 15％以上　　－5点 10％以上15％未満　－4点 5％以上10％未満　－3点 0％を超え5％未満　－2点	
④　相談・支援体制		【最大45点（新配点）】及び【最大15点（旧配点）】
Ⅰ 機構・監理団体が実施する母国語相談・支援の方法・手順を定めたマニュアル等を策定し、関係職員に周知していること	・有：5点	
Ⅱ 技能実習の継続が困難となった技能実習生（他の監理団体傘下の実習実施者で技能実習を行っていた者に限る。）に引き続き技能実習を行う機会を与えるための受入れに協力する旨の機構への登録を行っていること。	（旧配点） ・有：5点 （新配点） 実習管理を行う実習実施者の数に対する登録した実習実施者の数の割合 50％以上　　　15点 50％未満　　　10点	
Ⅲ 直近過去3年以内に、技能実習の継続が困難となった技能実習生（他の監理団体傘下の実習実施者で技能実習を行っていた者に限る。）に引き続き技能実習を行う機会を与えるために、当該技能実習生の受入れを行ったこと（旧制度下における受入れを含む。）	（旧配点） ・有：5点 （新配点） 実習管理を行う実習実施者の数に対する受け入れた実習実施者の数の割合 50％以上　　　25点 50％未満　　　15点	
⑤　地域社会との共生		【最大10点】
Ⅰ 受け入れた実習生に対し、日本語の学習の支援を行っている実習実施者を支援していること	・有：4点	
Ⅱ 地域社会との交流を行う機会をアレンジしている実習実施者を支援していること	・有：3点	
Ⅲ 日本の文化を学ぶ機会をアレンジしている実習実施者を支援していること	・有：3点	

②　優良な実習実施者の要件について

┌─ 優良な実習実施者の要件について ─┐

　得点が満点（旧配点120点、新配点150点）の６割以上となる実習実施者は、優良な実習実施者の基準に適合することとなります。各項目の詳細は、下記一覧表（優良な実習実施者の要件（詳細））をご確認ください。

〈優良な実習実施者の要件〉

①　技能等の修得等に係る実績（70点）
・過去３技能実習事業年度の基礎級、３級、２級程度の技能検定等の合格率　等

②　技能実習を行わせる体制（10点）
・直近過去３年以内の技能実習指導員、生活指導員の講習受講歴

③　技能実習生の待遇（10点）
・１号技能実習生の賃金と最低賃金の比較
・技能実習の各段階の賃金の昇給率

④　法令違反・問題の発生状況（5点（違反等あれば大幅減点））
・直近過去３年以内の改善命令の実績、失踪の割合
・直近過去３年以内に実習実施者に責めのある失踪の有無

⑤　相談・支援体制（旧配点15点、新配点45点）
・母国語で相談できる相談員の確保
・他の機関で実習継続が困難となった実習生の受入実績
・実習先変更支援サイトへの受入れ可能人数の登録　等

⑥　地域社会との共生（10点）
・技能実習生に対する日本語学習の支援
・地域社会との交流を行う機会・日本文化を学ぶ機会の提供

※令和２年11月から同3年10月までの間は、新旧いずれかの配点を選択すること。

【優良な実習実施者の要件（詳細）】　（満点　旧配点120点、新配点150点の6割以上が該当する。）

①	技能等の修得等に係る実績	【最大70点】
	Ⅰ　過去３技能実習事業年度の基礎級程度の技能検定等の学科試験及び実技試験の合格率（旧制度の基礎２級程度の合格率を含む。）	・95％以上：20点 ・80％以上95％未満：10点 ・75％以上80％未満：0点 ・75％未満：−20点
	Ⅱ　過去３技能実習事業年度の２・３級程度の技能検定等の実技試験の合格率　【計算方法】 分母：新制度の技能実習生の2号・3号修了者数−うちやむを得ない不受検者数＋旧制度の技能実習生の受検者数 分子：（3級合格者数＋2級合格者数×1.5）×1.2 ＊旧制度の技能実習生の受検実績について、施行日以後の受検実績は必ず算入。 ＊上記の計算式の分母の算入対象となる技能実習生がいない場合は、過去３技能実習事業年度には2号未修了であった者の申請日時点の３級程度の技能検定等の合格実績に応じて、右欄のとおり加点する。	・80％以上：40点 ・70％以上80％未満：30点 ・60％以上70％未満：20点 ・50％以上60％未満：0点 ・50％未満：−40点 ＊左欄に該当する場合 　・合格者3人以上：20点 　・合格者2人　：10点 　・合格者1人　：5点 　・合格者0人　：0点
	Ⅲ　直近過去３年間の２・３級程度の技能検定等の学科試験の合格実績 ＊２級、３級で分けず、合格人数の合計で評価	・合格者2人以上：5点 ・合格者1人：3点
	Ⅳ　技能検定等の実施への協力 ＊技能検定委員（技能検定における学科試験及び実技試験の問題の作成、採点、実施要領の作成や検定試験会場での指導監督などを職務として行う者）又は技能実習評価試験において技能検定委員に相当する者を社員等の中から輩出している場合や、実技試験の実施に必要とされる機材・設備等の貸与等を行っている場合を想定	・有：5点
②	技能実習を行わせる体制	【最大10点】
	Ⅰ　直近過去３年以内の技能実習指導員の講習受講歴	・全員有：5点
	Ⅱ　直近過去３年以内の生活指導員の講習受講歴	・全員有：5点
③	技能実習生の待遇	【最大10点】
	Ⅰ　1号技能実習生の賃金（基本給）のうち最低のものと最低賃金の比較	・115％以上：5点 ・105％以上115％未満：3点
	Ⅱ　技能実習生の賃金に係る技能実習の各段階ごとの昇給率	・5％以上：5点 ・3％以上5％未満：3点
④	法令違反・問題の発生状況	【最大5点】
	Ⅰ　直近過去３年以内に改善命令を受けたことがあること（旧制度の改善命令相当の行政指導を含む。）	・改善未実施：−50点 ・改善実施：−30点
	Ⅱ　直近過去３年以内における失踪がゼロ又は失踪の割合が低いこと（旧制度を含む。）	・ゼロ：5点 ・10％未満又は1人以下：0点 ・20％未満又は2人以下：−5点 ・20％以上又は3人以上：−10点
	Ⅲ　直近過去３年以内に責めによるべき失踪があること（旧制度を含む。）	・該当：−50点
⑤	相談・支援体制　　　　　【最大45点（新配点）】又は【最大15点（旧配点）】	
	Ⅰ　母国語相談・支援の実施方法・手順を定めたマニュアル等を策定し、関係職員に周知していること	・有：5点
	Ⅱ　受け入れた技能実習生について、全ての母国語で相談できる相談員を確保していること（旧制度を含む。）	・有：5点

Ⅲ　直近過去3年以内に、技能実習の継続が困難となった技能実習生に引き続き技能実習を行う機会を与えるために当該技能実習生の受入れを行ったこと（旧制度下における受入れを含む。）	(旧配点) ・有：5点 (新配点) ・基本人数枠以上の受入れ：25点 ・基本人数枠未満の受入れ：15点
Ⅳ　技能実習の継続が困難となった技能実習生（他の監理団体傘下の実習実施者で技能実習を行っていた者に限る。）に引き続き技能実習を行う機会を与えるため、実習先変更支援サイトに監理団体を通じて受入れ可能人数の登録を行っていること。	
⑥　地域社会との共生	【最大10点】
Ⅰ　受け入れた実習生に対し、日本語の学習の支援を行っていること	・有：4点
Ⅱ　地域社会との交流を行う機会をアレンジしていること	・有：3点
Ⅲ　日本の文化を学ぶ機会をアレンジしていること	・有：3点

（8）技能実習生の受入れ数

①　基本人数枠

実習実施者の常勤の職員の総数	技能実習生の人数
301人以上	常勤職員総数の20分の1
201人～300人	15人
101人～200人	10人
51人～100人	6人
41人～50人	5人
31人～40人	4人
30人以下	3人

②　人数枠（団体監理型）

※常勤職員数には，技能実習生（1号，2号及び3号）は含まれません。

1号 （1年間）	2号 （2年間）	優良基準適合者		
		1号（1年間）	2号（2年間）	3号（2年間）
基本人数枠	基本人数枠の2倍	基本人数枠の2倍	基本人数枠の4倍	基本人数枠の6倍

③　人数枠（企業単独型）

企　業	技能実習生の人数枠				
	1号 （1年間）	2号 （2年間）	優良基準適合者		
			1号 （1年間）	2号 （2年間）	3号 （2年間）
出入国在留管理庁長官及び厚生労働大臣が継続的で安定的な実習を行わせる体制を有すると認める企業	基本人数枠	基本人数枠の2倍	基本人数枠の2倍	基本人数枠の4倍	基本人数枠の6倍
上記以外の企業	常勤職員総数の20分の1	常勤職員総数の10分の1	常勤職員総数の10分の1	常勤職員総数の5分の1	常勤職員総数の10分の3

1　団体監理型・企業単独型ともに、1号技能実習生は常勤職員の総数、2号技能実習生は常勤職員数の総数の2倍、3号技能実習生は常勤職員数の総数の3倍を超えてはならないことになっています。

2　特有の事情のある職種については、事業所管大臣が定める告示で定められた人数（例として介護の技能実習があります。）となっています。

3　やむを得ない事情で他の実習実施機関（者）から転籍した実習生を受け入れる場合、上記の人数枠と別に受け入れることが可能になることがあります。

（注）　上記2及び3については技能実習機構に確認をしてください。

（9）技能実習1号から2号へ移行できる対象職種について

　技能実習1号から2号へ移行できる職種と作業の範囲について、厚生労働省が下記のとおり示しています。

技能実習2号移行対象職種（令和3年1月8日現在　83職種151作業）

1　農業関係（2職種6作業）
2　漁業関係（2職種10作業）
3　建設関係（22職種33作業）
4　食品製造関係（11職種18作業）
5　繊維・衣服関係（13職種22作業）
6　機械・金属関係（15職種29作業）
7　その他（17職種30作業）
8　社内検定型（1職種3作業）

職種名	作業名
介護*	介護

（10）在留資格認定証明書交付申請について

① 要件

　在留資格「技能実習」に係る上陸許可基準においては、日本において行おうとする活動に係る技能実習計画（技能実習法第8条第1項に規定する技能実習計画をいいます。）について、認定されていることとなっています。

② 提出書類

　技能実習計画に係る「技能実習計画認定通知書」及び認定の申請書の写しを添付します。

25

3 不正行為の取扱い

（1）不正行為に対する実務の流れ

機構／主務大臣等

〔端緒〕
・定期的な実地検査
・技能実習生からの相談・申告
　⇒検査権限を持つ機構に相談・申告窓口を設置
　　申告を理由とする不利益取扱いの禁止（罰則あり）
・労働基準監督機関，地方入管局等からの通報　など

実地検査等

主務大臣等

許可・認定の取消し（法16条1項，37条1項）
　○　重大な許可・認定基準違反，法令違反等が
　あれば，取消し。

業務停止命令（法37条3項・監理団体のみ）
　○　許可基準違反や法令違反に対し，期間を
　定めて業務停止を命令（同時に改善命令も可。）

改善命令（法15条1項，36条1項）
　○　出入国・労働関係法令（技能実習法を含む。）
　違反があれば，期限を定めて改善を命令。
※業務停止命令・改善命令に違反した場合の罰則あり

事業者名等を公表

（注1）「法」とは技能実習法をいいます（以下同じです）。

（注2）「機構」とは技能実習機構をいいます（以下同じです）。

（注3）認定の取消しは、出入国在留管理庁長官及び厚生労働大臣が行うことになります。

（2）不正行為等の取扱い

　技能実習法施行日前後にかかわらず、旧制度の不正行為（※）は、技能実習法上の欠格事由に該当し、新制度においても技能実習生の受入れは認められません。

※不正行為（技能実習の適正な実施を妨げるものとして受入れ停止を通知されたものに限る）を行った場合、受入れ停止期間を経過していないものが対象です。

※施行日以後に旧制度の適用を受けた技能実習生の受入れに係る不正行為については、地方出入国在留管理局が引き続き調査を行います。

（参考）　技能実習法上の欠格事由

①　技能実習計画の認定申請

　「認定の申請の日前5年以内に出入国又は労働に関する法令に関し不正又は著しく不当な行為」をしたとき（法第10条第9号）

②　監理団体の許可申請

　「許可の申請の日前5年以内に出入国又は労働に関する法令に関し不正又は著しく不当な行為」をしたとき（法第26条第4号）

4　介護職種の追加要件について

　　介護分野における外国人の受け入れは、
　　①介護福祉士
　　②平成20年度より実施されている経済連携協定（EPA）に基づく外国人介護福祉士候
　　　補者等として就労が可能な者
のほか、技能実習制度の改正に伴い、技能実習の中でも一定の追加要件を満たせば、介護
職の技能実習生として就労することができます。更に平成31年4月1日から特定技能（1
号）において介護分野の就労が認められることになりました。

　　これらについては本章末尾及び第6章資料編で説明していますが、多くの介護施設経営
者にとって関心があります、介護資格の無い技能実習生の受入れについては、本章の技能
実習要件に加え、更に介護人材としての特有な受入追加要件について正しく理解していた
だくことにします。

（1）介護職種の特有な受入要件について

　技能実習生の新たな受入れについては、平成29年11月1日施行されました技能実習法及び同法施行規則等をもって実施されていますところ、個別の職種分野については、知見を要する事業所管省庁が一定の関与を行うことにより適正化を図ることとしています。

　かかる観点から介護分野においては、作業の特有性を踏まえ、「介護職種の基準について」が定められました。

　その中で、

○外国人介護人材の受入れは、介護人材の確保を目的とするのではなく、技能移転という制度趣旨に沿って対応すること

○介護職種追加に当たっては、介護サービスの特性に基づく様々な懸念に対応するため、以下の3つの要件に対応できること

を担保した上で職種の追加がなされました。

　3つの要件とは、

> ①　介護が「外国人が担う単純な仕事」というイメージにならないようにすること
> ②　外国人について、日本人と同様に適切な処遇を確保し、日本人労働者の処遇・労働環境の改善の努力が損なわれないようにすること
> ③　介護サービスの質を担保するとともに、利用者の不安を招かないようにすること

です。

　これに基づき、介護分野における技能実習生の受入れについて制度設計がなされています。

　介護分野での外国人材については、「高齢者へのサービス提供」が仕事となることから、他の技能実習と異なり、介護習得レベルの追加要件や監理団体による実習実施機関（外国人受入れ企業等）に対する監理の徹底等について規定がありますので、正しく理解していただきます。

【介護人材となる技能実習生を受け入れるまでの基本的な流れ（団体監理型の受け入れの場合）】

　実習実施者（社会福祉法人、医療法人等）が、技能実習を行わせる事業所（特別養護老人ホーム、介護老人保健施設、病院・診療所等）において技能実習生を受け入れるまでの基本的な流れは、以下のとおりです。

手順	留意点
①監理団体の選定	・技能実習機構の許可を受けた監理団体一覧が、技能実習機構のホームページに掲載 ・監理団体において、また、送出機関によって監理費（※）が設定
②監理団体に技能実習生受入申込み	・技能実習生に関する要件
③送出国で実習生候補生と面接	・面接・選考の方法は、監理団体と個別に相談が必要
④技能実習生の選定	
⑤雇用契約を締結	・技能実習生に対する報酬の額が、日本人が従事する場合の報酬と同等以上であることが必要
⑥技能実習計画の作成	・技能実習生ごとに作成が必要　具体的な要件
⑦技能実習機構への認定申請	・原則として、技能実習生受入れの4か月前までに申請が必要
⑧技能実習計画の認定	
⑨地方出入国在留管理局への申請	・計画の認定後、速やかに申請　標準審査期間は2週間
⑩日本大使館／総領事館への査証申請	・在留資格認定証明書交付後、速やかに申請　標準審査期間は5業務日
⑪入国	
⑫入国後講習（監理団体が実施）	・2か月・320時間（1か月以上の期間、かつ160時間以上の入国前講習を行った場合は、1か月間・160時間）以上を目安に実施 ただし、介護特有の追加要件あり
⑬実習開始	・実習開始から6か月経過後に介護報酬上の配置基準に算定

※監理費の種類は、「職業紹介費」「講習費」「監理指導費」「その他諸経費」に法令上区分されています。

（2）介護技能実習生の主な要件

　介護人材となる技能実習生の要件は、「第1章2（3）技能実習生の主たる要件」で示したとおりですが、そのうち「⑤団体監理型技能実習の場合にあっては、従事しようとする業務と同種の業務に外国において従事した経験を有すること又は技能実習に従事することを必要とする特別な事情があること」と示されています。

　この「同種業務従事経験（いわゆる職歴要件)」とは、例えば、以下の者が該当します。

A　外国における高齢者若しくは障害者の介護施設又は居宅等において、高齢者又は障害者の日常生活上の世話、機能訓練又は療養上の世話等に従事した経験を有する者

B　外国における看護課程を修了した者又は看護師資格を有する者

C　外国政府による介護士認定等を受けた者

5 　介護人材である技能実習生の
　　　日本語習得レベルに関する追加要件

（1）日本語習得レベルに関する追加要件

日本語習得レベルについては、下記のような要件が示されています。
介護人材である技能実習生として在留するための必須条件です。

> ア　技能実習1年目（技能実習１号）においては、日本語能力試験のＮ４に合格して
> いる者、その他これと同等以上の能力を有すると認められる者であること
> イ　技能実習２年目（技能実習２号）においては、日本語能力試験のＮ３に合格し
> ている者、その他これと同等以上の能力を有すると認められる者であること
> 　（注）イについて、技能実習生が次の要件を満たす場合には、当分の間、当該
> 　　　　技能実習生は要件を満たすことになります。
> 　　　（1）介護の技能・技術又は知識の適切な習熟のために日本語を継続的に学
> 　　　　　ぶ意思を表明していること
> 　　　（2）技能実習を行わせる事業所のもとで、介護の技能等の適切な習熟のた
> 　　　　　めに必要な日本語を学ぶこと

①　日本語能力試験Ｎ４に合格している者とは（技能実習１年目（技能実習１号）

　　日本語能力試験Ｎ４又はＮ４との対応関係が明確にされている日本語能力を評価する
試験（例「J.TEST実用日本語検定」「日本語NAT-TEST」）における日本語能力試験Ｎ
４に相当するものに合格している者
　【日本語能力試験Ｎ４に相当するものに合格している者】
　a　J.TEST実用日本語検定のＥ－Ｆレベル試験の350点以上取得している者
　b　日本語NAT-TESTの４級に合格している者

②　日本語能力試験Ｎ３に合格している者とは（技能実習２年目（技能実習２号）

　　日本語能力試験Ｎ３又はＮ３との対応関係が明確にされている日本語能力を評価する

試験（例「J.TEST実用日本語検定」「日本語NAT-TEST」）における日本語能力試験N3に相当するものに合格している者

【日本語能力試験N3に相当するものに合格している者】

a　J.TEST実用日本語検定のA－Dレベル試験の400点以上取得している者

b　日本語NAT-TESTの3級に合格している者

（2）N4，N3の日本語習得レベルとは

　日本語検定試験を行っている国際交流基金と公益財団法人日本国際教育支援協会が行う日本語能力試験には、N1、N2、N3、N4、N5の5つのレベルがあります。いちばんやさしいレベルがN5で、いちばん難しいレベルがN1です。

N1　むずかしい　　　　　　　　　やさしい　　　N5

　N4とN5では、主に教室内で学ぶ基本的な日本語がどのぐらい理解できるかを測ります。N1とN2では、現実の生活の幅広い場面での日本語がどのぐらい理解できるかを測ります。そしてN3は、N1、N2とN4、N5の「橋渡し」のレベルです。

　日本語能力試験のレベル認定の目安は、次の表のように「読む」「聞く」という言語行動で表します。この表には記述していませんが、それぞれの言語行動を実現するための、文字・語彙・文法などの言語知識も必要です。

レベル	認定の目安
N1	幅広い場面で使われる日本語を理解することができる。 読む・幅広い話題について書かれた新聞の論説、評論など、論理的にやや複雑な文章や抽象度の高い文章などを読んで、文章の構成や内容を理解することができる。 ・さまざまな話題の内容に深みのある読み物を読んで、話の流れや詳細な表現意図を理解することができる。 聞く・幅広い場面において自然なスピードの、まとまりのある会話やニュース、講義を聞いて、話の流れや内容、登場人物の関係や内容の論理構成などを詳細に理解したり、要旨を把握したりすることができる。

N2	日常的な場面で使われる日本語の理解に加え、より幅広い場面で使われる日本語をある程度理解することができる。 読む・幅広い話題について書かれた新聞や雑誌の記事・解説、平易な評論など、論旨が明快な文章を読んで文章の内容を理解することができる。 　　　・一般的な話題に関する読み物を読んで、話の流れや表現意図を理解することができる。 聞く・日常的な場面に加えて幅広い場面で、自然に近いスピードの、まとまりのある会話やニュースを聞いて、話の流れや内容、登場人物の関係を理解したり、要旨を把握したりすることができる。
N3	日常的な場面で使われる日本語をある程度理解することができる。 読む・日常的な話題について書かれた具体的な内容を表わす文章を、読んで理解することができる。 　　　・新聞の見出しなどから情報の概要をつかむことができる。 　　　・日常的な場面で目にする難易度がやや高い文章は、言い換え表現が与えられれば、要旨を理解することができる。 聞く・日常的な場面で、やや自然に近いスピードのまとまりのある会話を聞いて、話の具体的な内容を登場人物の関係などとあわせてほぼ理解できる。
N4	基本的な日本語を理解することができる。 読む・基本的な語彙や漢字を使って書かれた日常生活の中でも身近な話題の文章を、読んで理解することができる。 聞く・日常的な場面で、ややゆっくりと話される会話であれば、内容がほぼ理解できる。
N5	基本的な日本語をある程度理解することができる。 読む・ひらがなやカタカナ、日常生活で用いられる基本的な漢字で書かれた定型的な語句や文、文章を読んで理解することができる。 聞く・教室や、身の回りなど、日常生活の中でもよく出会う場面で、ゆっくり話される短い会話であれば、必要な情報を聞き取ることができる。

6　介護人材である技能実習生を受け入れる実習実施者・実習内容に関する追加要件

（1）技能実習生を受け入れる実習実施者・実習内容に関する主な要件とは

技能実習制度（本体要件）の実習実施者の要件は次のとおりです。

○技能実習を行わせる事業所ごとに、申請者又はその常勤の役員若しく職員であって、自己以外の技能実習指導員、生活指導員その他技能実習に関与する職員を監督することができる立場にあり、かつ、過去3年以内に法務大臣及び厚生労働大臣が告示で定める講習を修了したものの中から、技能実習責任者を選任していること

○技能実習の指導を担当する者として、申請者又はその常勤の役員若しくは職員のうち、技能実習を行わせる事業所に所属する者であって、修得等をさせようとする技能等について5年以上の経験を有するものの中から技能実習指導員を1名以上選任していること

○技能実習生の生活の指導を担当する者として、申請者又はその常勤の役員若しくは職員のうち、技能実習を行わせる事業所に所属する者の中から生活指導員を1名以上選任していること

○技能実習生の受入人数の上限を超えないこと

※優良な実習実施者については、技能実習制度（本体要件）の優良な実習実施者の要件を満たすこととなっています。

（2）介護技能実習生の実習実施者・実習内容に関する追加要件

①　介護職種の追加要件について

技能実習制度（本体要件）に加え、以下の要件を満たす必要があります。

○技能実習指導員のうち1名以上は、介護福祉士の資格を有する者その他これと同等以上の専門的知識及び技術を有すると認められる者（※看護師等）であること

○技能実習生5名につき1名以上の技能実習指導員を選任していること

○技能実習を行わせる事業所が、介護等の業務（利用者の居宅においてサービスを提供する業務を除く。）を行うものであること

○ 技能実習を行わせる事業所が、開設後3年以上経過していること

○ 技能実習生に夜勤業務その他少人数の状況下での業務又は緊急時の対応が求められる業務を行わせる場合にあっては、利用者の安全の確保等のために必要な措置を講ずることとしていること

（※）具体的には、技能実習生以外の介護職員と技能実習生の複数名で業務を行うことが必要です。また、夜勤業務等を行うのは2年目以降の技能実習生に限定する等の努力義務が業界ガイドラインに規定されています。

○技能実習を行う事業所における技能実習生の数が一定数を超えないこと

○入国後講習については、基本的な仕組みは技能実習法本体によるが、日本語学習（240時間（N3程度取得者は80時間））と介護導入講習（42時間）の受講のほか、講師に一定の要件が設けられていること

②　介護分野における優良な実習実施者の要件について

┌─ 介護分野における優良な実習実施者の要件について ─┐

　　得点が満点（旧配点125点、新配点155点）の６割以上となる実習実施者は、優良な実習実施者の基準に適合することとなります。各項目の詳細は、下記一覧表（優良な実習実施者の要件（詳細））をご確認ください。

①　技能等の修得等に係る実績（70点）
・過去３技能実習事業年度の初級程度の介護技能実習評価試験等（他職種の実習評価試験も含む。）の学科試験及び実技試験の合格率（旧制度の基礎２級程度の合格率を含む。）等

②　技能実習を行わせる体制（15点）
・直近過去３年以内の技能実習指導員、生活指導員の講習受講歴

③　技能実習生の待遇（10点）
・１号実習生の賃金と最低賃金の比較
・技能実習の各段階の賃金の昇給率

④　法令違反・問題の発生状況（5点（違反等あれば大幅減点））
・直近過去３年以内の改善命令の実績、失踪の割合
・直近過去３年以内に実習実施者に責めのある失踪の有無

⑤　相談・支援体制（旧配点15点、新配点45点）
・母国語で相談できる相談員の確保
・他の機関で実習継続が困難となった実習生の受入実績等

⑥　地域社会との共生（10点）
・実習生に対する日本語学習の支援
・地域社会との交流を行う機会・日本文化を学ぶ機会の提供

※令和２年11月から同3年10月までの間は、新旧いずれかの配点を選択すること。

【介護分野における優良な実習実施者の要件（詳細）】（満点　旧配点125点、新配点155点）

①	技能等の修得等に係る実績		【最大70点】
	Ⅰ	過去３技能実習事業年度の初級程度の介護技能評価試験等（他職種の技能実習評価試験も含む。）の学科試験及び実技試験の合格率（旧制度の基礎２級程度の合格率を含む。）	・95％以上：20点 ・80％以上95％未満：10点 ・75％以上80％未満：0点 ・75％未満：−20点
	Ⅱ	過去３年間の専門級・上級程度の介護技能実習評価試験の実技試験等（他職種の技能実習評価試験も含む。）の合格率　【計算方法】 分母：技能実習生の2号・3号修了者数−うちやむを得ない不受検者数＋旧制度の技能実習生の受検者数 分子：（専門級合格者数＋上級合格者数×1.5）×1.2 ＊旧制度の技能実習生の受検実績について、施行日以後の受検実績は必ず算入。 ＊上記の計算式の分母の算入対象となる技能実習生がいない場合は、過去３技能実習事業年度には2号未修了であった者の申請日時点の専門級程度の介護技能実習評価試験等（他職種の技能実習評価試験も含む。）の実技試験の合格実績に応じて、右欄のとおり加点する。	・80％以上：40点 ・70％以上80％未満：30点 ・60％以上70％未満：20点 ・50％以上60％未満：0点 ・50％未満：−40点 ＊左欄に該当する場合 ・合格者3人以上：20点 ・合格者2人：10点 ・合格者1人：5点 ・合格者0人：0点
	Ⅲ	直近過去３年間の専門級・上級程度の介護技能実習評価試験等（他職種の技能実習評価試験も含む。）の学科試験の合格実績　＊専門級、上級で分けず、合格人数の合計で評価	・合格者2人以上：5点 ・合格者1人：3点
	Ⅳ	技能検定等の実施への協力 ＊介護技能実習評価試験の試験評価者を社員等の中から輩出している場合等を想定	・有：5点
②	技能実習を行わせる体制　　＊平成30年10月１日までは配点なし		【最大15点】
	Ⅰ	過去３年以内の技能実習指導員の講習受講歴	・全員有：5点
	Ⅱ	直近過去３年以内の生活指導員の講習受講歴	・全員有：5点
	Ⅲ	過去３年以内の介護職種の技能実習指導員講習の受講歴	・全員有：5点
③	技能実習生の待遇		【最大10点】
	Ⅰ	１号技能実習生の賃金（基本給）のうち最低のものと最低賃金の比較	・115％以上：5点 ・105％以上115％未満：3点
	Ⅱ	技能実習生の賃金に係る技能実習の各段階ごとの昇給率	・5％以上：5点 ・3％以上5％未満：3点
④	法令違反・問題の発生状況		【最大5点】
	Ⅰ	直近過去３年以内に改善命令を受けたことがあること	・改善未実施：−50点 ・改善実施：−30点
	Ⅱ	直近過去３年以内における失踪がゼロ又は失踪の割合が低いこと	・ゼロ：5点 ・10％未満又は１人以下：0点 ・20％未満又は２人以下：−5点 ・20％以上又は３人以上：−10点
	Ⅲ	直近過去３年以内に責めによるべき失踪があること	・該当：−50点
⑤	相談・支援体制		【最大45点（新配点）】又は【最大15点（旧配点）】
	Ⅰ	母国語相談・支援の実施方法・手順を定めたマニュアル等を策定し、関係職員に周知していること	・有：5点
	Ⅱ	受け入れた技能実習生について、全ての母国語で相談できる相談員を確保していること	・有：5点

Ⅲ　直近過去 3 年以内に、技能実習の継続が困難となった技能実習生に引き続き技能実習を行う機会を与えるために当該技能実習生の受入れを行ったこと	（旧配点） ・有：5点 （新配点） ・基本人数枠以上の受入れ：25点 ・基本人数枠未満の受入れ：15点
Ⅳ　技能実習の継続が困難となった技能実習生（他の監理団体傘下の実習実施者で技能実習を行っていた者に限る。）に引き続き技能実習を行う機会を与えるため、実習先変更支援サイトに監理団体を通じて受入れ可能人数の登録を行っていること。	（新配点） ・有：10点 ※新配点のみに設けられた加点項目です。
⑥　地域社会との共生	【最大 10点】
Ⅰ　受け入れた実習生に対し、日本語の学習の支援を行っていること	・有：4点
Ⅱ　地域社会との交流を行う機会をアレンジしていること	・有：3点
Ⅲ　日本の文化を学ぶ機会をアレンジしていること	・有：3点

（3） 監理団体に関する追加要件

① 監理団体法人の要件

監理団体となる法人は、次の要件に該当することが必要です。

○次のいずれかに該当する法人であること

①商工会議所、商工会、中小企業団体、職業訓練法人、公益社団法人又は公益財団法人

　（注）技能実習制度本体要件上、商工会議所、商工会、中小企業団体の場合は、その実習監理を受ける介護職種の実習実施者が組合員又は会員である場合に限ります。

②当該法人の目的に介護・医療又は社会福祉の発展に寄与することが含まれる全国的な団体（その支部を含む。）であって、介護又は医療に従事する事業者により構成されるもの

○その役職員に介護職として5年以上の経験を有する介護福祉士等（※看護師等）がいること

---

② 優良な監理団体の追加要件について

　介護職種における優良な監理団体の要件は、下記のとおりです。

　得点が満点（80点）の6割以上となる監理団体は、介護職種の優良な監理団体の基準に適合することとなりますが、技能実習制度（本体要件）の優良な監理団体（第1章　2（7）　①（18ページ）参照）として認定されていることが必要です。

【介護職種における優良な監理団体の要件（詳細）】（満点80点）

①	介護職種における団体監理型技能実習の実施状況の監査その他の業務を行う体制　【最大40点】	
Ⅰ	介護職種の実習実施者に対して監理団体が行う定期の監査について、その実施方法・手順を定めたマニュアル等を策定し、監査を担当する職員に周知していること	・有：5点
Ⅱ	介護職種の監理事業に関与する常勤の役職員と実習監理を行う介護職種の実習実施者の比率	・1：5未満：15点 ・1：10未満：7点
Ⅲ	介護職種の実習実施者の技能実習責任者、技能実習指導員、生活指導員等に対し、毎年、研修の実施、マニュアルの配布などの支援を行っていること	・有：5点
Ⅳ	帰国後の介護職種の技能実習生のフォローアップ調査に協力すること	・有：5点
Ⅴ	介護職種の技能実習生のあっせんに関し、監理団体の役職員が送出国での事前面接をしていること	・有：5点
Ⅵ	帰国後の介護職種の技能実習生に関し、送出機関と連携して、就職先の把握を行っていること	・有：5点
②	介護職種における技能等の修得等に係る実績　　　　　　　【最大40点】	
Ⅰ	過去3技能実習事業年度の初級の介護技能実習評価試験の学科試験及び実技試験の合格率	・95％以上：10点 ・80％以上95％未満：5点 ・75％以上80％未満：0点 ・75％未満：－10点
Ⅱ	過去3技能実習事業年度の専門級、上級の介護技能実習評価試験の合格率　＜計算方法＞ 分母：技能実習生の2号・3号修了者数－うちやむを得ない不受検者数 分子：（専門級合格者数＋上級合格者数×1.5）×1.2	・80％以上：20点 ・70％以上80％未満：15点 ・60％以上70％未満：10点 ・50％以上60％未満：0点 ・50％未満：－20点 ＊上記計算式の分母の算入対象となる技能実習生がいない場合は、令和5年度までの間、「0点」とします。
Ⅲ	直近過去3年間の専門級、上級の介護技能実習評価試験の学科試験の合格実績 ＊専門級、上級で分けず合格人数の合計で評価	・2以上の実習実施者から合格者を輩出：5点 ・1の実習実施者から合格者を輩出：3点
Ⅳ	技能検定等の実施への協力 ＊傘下の実習実施者が、介護技能実習評価試験の試験評価者を社員等の中から輩出している場合を想定	・1以上の実習実施者から協力有：5点

（4）対象施設について

　介護福祉士国家試験の受験資格要件において「介護」の実務経験として認める施設のうち、現行制度において存在するものについて、訪問介護等の訪問系サービスを対象外とした形で整理をしたものは、次のとおりです。

【対象施設】
① 児童福祉法関係の施設・事業
【対象施設】　6施設
　肢体不自由児施設又は重症心身障害児施設の委託を受けた指定医療機関（国立高度専門医療研究センター及び独立行政法人国立病院機構の設置する医療機関であって厚生労働大臣の指定するもの）
　児童発達支援・放課後等デイサービス・障害児入所施設・児童発達支援センター・保育所等訪問支援
【対象外又は現行制度において存在しない施設】
　知的障害児施設・自閉症児施設・知的障害児通園施設・盲児施設・ろうあ児施設・難聴幼児通園施設・肢体不自由児施設・肢体不自由児通園施設・肢体不自由児療護施設・重症心身障害児施設・重症心身障害児（者）通園事業

② 障害者総合支援法関係の施設・事業
【対象施設】　11施設
　短期入所・障害者支援施設・療養介護・生活介護・共同生活援助（グループホーム）・自立訓練・就労移行支援・就労継続支援・福祉ホーム・日中一時支援・地域活動支援センター
【対象外又は現行制度において存在しない施設】
　障害者デイサービス事業（平成18年9月までの事業）・児童デイサービス・共同生活介護（ケアホーム）・知的障害者援護施設（知的障害者更生施設・知的障害者授産施設・知的障害者通勤寮・知的障害者福祉工場）・身体障害者更生援護施設（身体障害者更生施設・身体障害者療護施設・身体障害者授産施設・身体障害者福祉工場）・身体障害者自立支援・生活サポート・経過的デイサービス事業・訪問入浴サービス・精神障害者社会復帰施設（精神障害者生活訓練施設・精神障害者授産施設・精神障害者福祉工場）・在宅重度障害者通所援護事業（日本身体障害者団体連合会から助成を受けている期間に限る）・知的障害者通所援護事業（全日本手をつなぐ育成会から助成を受けている期間に限る）居宅介護・重度訪問介護・行動援護・同行援護・外出介護（平成18年9月までの事業）・移動支援事業

③ 老人福祉法・介護保険法関係の施設・事業
【対象施設】　21施設
　第1号通所事業・老人デイサービスセンター・指定通所介護（指定療養通所介護を含む）・指定地域密着型通所介護・指定介護予防通所介護・指定認知症対応型通所

介護・指定介護予防認知症対応型通所介護・老人短期入所施設・指定短期入所生活介護・指定介護予防短期入所生活介護・特別養護老人ホーム（指定介護老人福祉施設）・指定認知症対応型共同生活介護・指定介護予防認知症対応型共同生活介護・介護老人保健施設・指定通所リハビリテーション・指定介護予防通所リハビリテーション・指定短期入所療養介護・指定介護予防短期入所療養介護・指定特定施設入居者生活介護・指定介護予防特定施設入居者生活介護・指定地域密着型特定施設入居者生活介護

【一部対象施設】　7施設

養護老人ホーム※1・軽費老人ホーム※1・ケアハウス※1・有料老人ホーム※1・指定小規模多機能型居宅介護※2・指定介護予防小規模多機能型居宅介護※2・指定複合型サービス※2

【対象外又は現行制度において存在しない施設】

指定訪問入浴介護・指定介護予防訪問入浴介護・サービス付き高齢者向け住宅※3・第1号訪問事業・指定訪問介護・指定介護予防訪問介護・指定夜間対応型訪問介護・指定定期巡回・随時対応型訪問介護看護

④　生活保護法関係の施設

【対象施設】　2施設

救護施設・更生施設

⑤　その他の社会福祉施設等

【対象施設】　8施設

地域福祉センター・隣保館デイサービス事業・独立行政法人国立重度知的障害者総合施設のぞみの園・ハンセン病療養所・原子爆弾被爆者養護ホーム・原子爆弾被爆者デイサービス事業・原子爆弾被爆者ショートステイ事業・労災特別介護施設

【対象外又は現行制度において存在しない施設】

原爆被爆者家庭奉仕員派遣事業・家政婦紹介所（個人の家庭において、介護等の業務を行う場合に限る）

⑥　病院又は診療所

【対象施設】　2施設

病院・診療所

※1　特定施設入居者生活介護（外部サービス利用型特定施設入居者生活介護を除く。）、介護予防特定施設入居者生活介護（外部サービス利用型介護予防特定施設入居者生活介護を除く。）、地域密着型特定施設入居者生活介護（外部サービス利用型地域密着型特定施設入居者生活介護を除く。）を行う施設が対象です。

※2　訪問系サービスの従事は除かれます。

※3　有料老人ホームに該当する場合は、有料老人ホームとして要件を満たす施設が対象です。

（5）技能実習生の人数枠

　受け入れることができる技能実習生は、事業所単位、介護等を主たる業務として行う常勤職員（常勤介護職員）の総数に応じて設定（常勤介護職員の総数が上限）した数を超えることができないことになっています。

【技能実習生の人数枠】

＜団体監理型の場合＞

事業所の 常勤介護職員の総数	一般の実習実施者		優良な実習実施者	
	1号	全体 （1・2号）	1号	全体 （1・2・3号）
1	1	1	1	1
2	1	2	2	2
3 〜 10	1	3	2	3 〜 10
11 〜 20	2	6	4	11 〜 20
21 〜 30	3	9	6	21 〜 30
31 〜 40	4	12	8	31 〜 40
41 〜 50	5	15	10	41 〜 50
51 〜 71	6	18	12	51 〜 71
72 〜 100	6	18	12	72
101 〜 119	10	30	20	101 〜 119
120 〜 200	10	30	20	120
201 〜 300	15	45	30	180
301 〜	常勤介護職員の 20分の1	常勤介護職員の 20分の3	常勤介護職員の 10分の1	常勤介護職員の 5分の3

※法務大臣及び厚生労働大臣が継続的で安定的な実習を行わせる体制を有すると認める企業単独型技能実習も同様です。

＜企業単独型の場合＞

一般の実習実施者		優良な実習実施者	
1号	全体（1・2号）	1号	全体（1・2・3号）
常勤介護職員の 20分の1	常勤介護職員の 20分の3	常勤介護職員の 10分の1	常勤介護職員の 5分の3

（6）　入国後の講習について

　介護分野における技能実習生には、入国後講習として以下の教育を行う必要があります。
　介護という業務上利用者とのコミュニケーション、介護技能の習得について特有な基準となっています。

①　介護における日本語学習と介護導入講習について

　日本語と介護導入講習等は、総時間数320時間で、そのうち日本語の学習が240時間となっています。

教育内容	日本語学習	介護導入講習	生活一般等	法的保護等に必要な情報	総時間数
時間数	240時間	42時間	30時間	8時間	320時間（目安とされている時間数）

①法的保護等に必要な情報とは、技能実習制度（本体要件）上必要な講習内容として定められています。
②総時間数については、技能実習1号の時間全体の6分の1（入国前講習を受けた場合は12分の1）とされています。

②　日本語学習の内容について

合計時間	教育内容	時間
240時間	総合日本語	100（90）時間
	聴解	20（18）時間
	読解	13（11）時間
	文字	27（24）時間
	発音	7（6）時間
	会話	27（24）時間
	作文	6（5）時間
	介護の日本語	40（36）時間

※①（　）内の時間数は、最低限の時間数です。
　②日本語能力試験N3以上の技能実習生については、日本語学習のうちの「発音」「会話」「作文」「介護の日本語」を合計80時間以上受講することになります。日本語学習以外の各教育内容の時間数については、上記と同様です。

③　介護導入講習の内容について

合計時間	教育内容	時間
42時間	介護の基本Ⅰ・Ⅱ	6時間
	コミュニケーション技術	6時間
	移動の介護	6時間
	食事の介護	6時間
	排泄の介護	6時間
	衣服の着脱の介護	6時間
	入浴・身体の清潔の介護	6時間

（7）入国後講習の講師の要件について

日本語と介護技能の習得の2つについて、要件が示されています。

日本語（※）
○大学又は大学院で日本語教育課程を履修し、卒業又は修了した者 ○大学又は大学院で日本語教育に関する科目の単位を26 単位以上修得して卒業又は修了した者 ○日本語教育能力検定試験に合格した者 ○学士の学位を有し、日本語教育に関する研修で適当と認められるものを修了した者 ○海外の大学又は大学院で日本語教育課程を履修し、卒業又は修了した者 ○学士の学位を有する者であって、技能実習計画の認定の申請の日から遡り３年以内の日において日本語教育機関で日本語教員として１年以上従事した経験を有し、かつ、現に日本語教育機関の日本語教員の職を離れていない者

※「日本語教育機関の告示基準」（出入国在留管理庁平成 28 年 7 月22 日策定）、及び「日本語教育機関の告示基準解釈指針」に示されている日本語教育機関の講師の要件を基本としています。

介護導入講習
○介護福祉士養成施設の教員として、介護の領域の講義を教授した経験を有する者 ○福祉系高校の教員として、生活支援技術等の講義を教授した経験を有する者 ○実務者研修の講師として、生活支援技術等の講義を教授した経験を有する者 ○初任者研修の講師として、生活支援技術等の講義を教授した経験を有する者 ○特例高校の教員として、生活支援技術等の講義を教授した経験を有する者

（8）入国前講習について

　入国前に介護導入講習や日本語学習について講習を受けた者については、以下の要件により、入国後の講習時間を短縮することが可能です。

> ○　技能実習制度（本体要件）においては、1か月以上の期間で160 時間以上の入国
>   前講習を行えば、入国後講習は1か月に短縮可能となっています。
> ○　介護職種については、日本語科目240 時間以上（N 3 取得者の場合は80 時間以
>   上）、介護導入講習42 時間以上の講義を行う必要があります。入国前講習において、
>   各科目について所定の時間数の2分1以上の時間数の講義を行った場合には、入
>   国後講習において2分の1を上限として各科目の時間数短縮ができます。
> （各教育内容については講義を行った時間数の分だけ短縮が可能です。）
> ○　入国後講習の時間数を短縮する場合は、入国前講習における教育内容と講師が
>   入国後講習と同様の要件を満たしている必要があります。 ただし、入国前講習の
>   日本語科目の講義については、「外国の大学又は大学院を卒業し、かつ、申請の日
>   から遡り3年以内の日において外国における日本語教育機関の日本語教員として
>   1年以上の経験を有し、現に日本語教員の職を離れていない者」も講師として認
>   められています。

〈入国後講習の一部を免除する場合の具体例〉

科目	入国前 （時間数）	入国後 （時間数）
総合日本語	70	30 （100）
聴解	20	0 （20）
読解	10	3 （13）
文字	20	7 （27）
発音	0	7
会話	0	27
作文	0	6
介護の日本語	0	40
合計	120	120

（ ） 内の時間数は告示で標準として示した時間数

第2章
特定技能の在留資格を取得した外国人の就労について

在留資格「特定技能」は、中小・小規模事業者をはじめとした深刻化する人手不足に対応するため、生産性向上や国内人材の確保のための取組を行ってもなお人材を確保することが困難な状況にある産業上の分野において、一定の専門性・技能を有し即戦力となる外国人を受け入れるために設けられました。

当該活動の範囲は次のとおりです。

1　特定技能1号

法務大臣が指定する本邦の公私の機関との雇用に関する契約（入管法第2条の5第1項から第4項までの規定に適合するものに限る。特定技能2号において同じ。）に基づいて行う特定産業分野（人材を確保することが困難な状況にあるため外国人により不足する人材の確保を図るべき産業上の分野として法務省令で定めるものをいう。特定技能2号において同じ。）であって法務大臣が指定するものに属する法務省令で定める相当程度の知識又は経験を必要とする技能を要する業務に従事する活動です。

（1）受入れのポイント

（1）　「特定技能1号」で在留する外国人（以下「1号特定技能外国人」といいます。）が従事する活動は、本邦の公私の機関（特定技能所属機関）との間の雇用に関する契約（特定技能雇用契約。法第2条の5第1項から第4項までの規定に適合するものに限る。）に基づくものでなければなりません。

（2）　1号特定技能外国人が従事する活動は、特定産業分野に属する業務であって、相当程度の知識又は経験を必要とする技能を要する業務でなければなりません。

（3）　特定産業分野における相当程度の知識又は経験を要する技能とは、当該特定産業分野に係る分野別運用方針及び分野別運用要領で定める水準を満たすものをいいます。これは、相当期間の実務経験等を要する技能をいい、特段の育成・訓練を受けることなく直ちに一定程度の業務を遂行できる水準のものとされています。

（4）　当該技能水準は、分野別運用方針において定める当該特定産業分野の業務区分に対応する試験等により確認することとされています。

（5）　1号特定技能外国人に対しては、ある程度日常会話ができ、生活に支障がない程度の能力を有することを基本とし、特定産業分野ごとに業務上必要な日本語能力が求められます。

（6）　当該日本語能力は、分野所管行政機関が定める試験等により確認することとされて

います。

（7）特定技能1号に係る産業上の分野は、次のとおりです。

　　①介護分野　　②ビルクリーニング分野　　③素形材産業分野

　　④産業機械製造業分野　　⑤電気・電子情報関連産業分野

　　⑥建設分野　　⑦造船・舶用工業分野　　⑧自動車整備分野

　　⑨航空分野　　⑩宿泊分野　　⑪農業分野　　⑫漁業分野

　　⑬飲食料品製造業分野　　⑭外食業分野

（2）　上陸許可基準とその留意点

上陸許可基準	留意点
申請人に係る特定技能雇用契約が法第2条の5第1項及び第2項の規定に適合すること及び特定技能雇用契約の相手方となる本邦の公私の機関が同条第3項及び第4項の規定に適合すること並びに申請人に係る一号特定技能外国人支援計画が同条第6項及び第7項の規定に適合することのほか、申請人が次のいずれにも該当していること。 一　申請人が次のいずれにも該当していること。ただし、申請人が外国人の技能実習の適正な実施及び技能実習生の保護に関する法律（平成28年法律第89号）第2条第2項第二号に規定する第二号企業単独型技能実習又は同条第4項第二号に規定する第二号団体監理型技能実習のいずれかを良好に修了している者であり、かつ、当該修了している技能実習において修得した技能が、従事しようとする業務において要する技能と関連性が認められる場合にあっては、ハ及びニに該当することを要しない。 イ　18歳以上であること。 ロ　**健康状態**が良好であること。	1　年齢 　日本の労働法制上、法定時間外労働や休日労働等の規制がなく就労が可能となるのは18歳以上であることから、特定技能外国人についても18歳以上としたものです。 ①　外国人が18歳未満であっても、在留資格認定証明書交付申請を行うことは可能ですが、日本に上陸する時点においては、18歳以上でなければなりません。 ②　学歴については、特に基準は設けられてはいません。 2　**健康状態** 　特定技能に係る活動を安定的かつ継続的に行うことを確保する観点等から、当該外国人の健康状態が良好であることを求めるものです。 ①　新たに日本に入国する場合（在留資格認定証明書交付申請を行う場合）には、申請の日から遡って3か月以内に、日本で行おうとする活動を支障なく行うことができる健康状態にあることについて、医師の診断を受けなければなりません。 ②　技能実習生や留学生などで在留中の者が、「特定技能」へ変更しようとする場合（在留資格変更許可申請を行う場合）には、申請の日から遡って1年以内に、日本の医療機関で医師の診断を受けていれば、その診断書を提出

して差し支えありません。

③ 様式は健康診断個人票（参考様式第1－3号）となります。参考様式と異なる様式のものを提出する場合、参考様式に掲げる項目を欠いているときは、その項目について追加で受診した上で健康診断書を提出するよう求められます。

3 技能水準

従事しようとする業務に必要な**「相当程度の知識又は経験を必要とする技能」**を有していることが試験その他の評価方法により証明されていることが求められます。

① 試験その他の評価方法は、特定産業分野に係る分野別運用方針及び分野別運用要領で定められています。

② 技能実習2号を良好に修了し、従事しようとする業務と技能実習2号の職種・作業に関連性が認められる場合には、技能水準について試験その他の評価方法による証明は要しないこととされています。

「技能実習2号を良好に修了している」とは、技能実習を2年10か月以上修了し、技能実習2号の技能実習計画における目標である技能検定3級若しくはこれに相当する技能実習評価試験の実技試験に合格していること、又は、技能検定3級若しくはこれに相当する技能実習評価試験の実技試験に合格していないものの、特定技能外国人が技能実習を行っていた実習実施者（旧技能実習制度における実習実施機関を含む。）が当該外国人の実習中の出勤状況や技能等の修得状況、生活態度等を記載した評価に関する書面により、技能実習2号を良好に修了したと認められることをいいます。

なお、複数の職種・作業を組み合わせた技能実習に従事した者が、従たる職種・作業に係る技能実習について、技能検定3級又はこれに相当する技能実習評価試験の実技試験に合格した場合には、当該従たる職種・作業に係る技能実習を2年10か月以上修了していなかった場合（例：技能実習2号から複数の職種・作業を組み合わせた技能実習を行った場合）でも、主たる職種・作業の技能実習で2年10か月以上修了

ハ 従事しようとする業務に必要な**相当程度の知識又は経験を必要とする技能**を有していることが試験その他の評価方法により証明されていること。

しているときは、本要件に適合するものとして扱われます。

③　技能実習2号を修了した者には、技能実習法施行前の技能実習2号を修了した技能実習生や、在留資格「技能実習」が創設される前の「特定活動（技能実習）」をもって在留していた技能実習生（「研修」及び「特定活動」で在留した期間が2年10か月以上の者に限る。）も含まれます。

ニ　本邦での生活に必要な**日本語能力**及び従事しようとする業務に必要な日本語能力を有していることが試験その他の評価方法により証明されていること。

4　日本語能力

「ある程度の日常会話ができ、生活に支障がない程度の能力を有することを基本とし、業務上必要な日本語能力」を有していることが試験その他の評価方法により証明されていることが求められます。

①　試験その他の評価方法は、特定産業分野に係る分野別運用方針及び分野別運用要領で定められています。

②　技能実習2号を良好に修了し、従事しようとする業務と技能実習2号の職種・作業に関連性が認められる場合には、日本語能力水準について試験その他の評価方法による証明は要しないこととされています。ただし、介護分野において証明を求めることとしている介護日本語評価試験の合格については，介護職種・介護作業の技能実習2号を良好に修了した者を除き、試験免除されないことに留意願います。

③　技能実習2号を修了した者には、技能実習法施行前の技能実習2号を修了した技能実習生や、在留資格「技能実習」が創設される前の「特定活動（技能実習）」をもって在留していた技能実習生（「研修」及び「特定活動」で在留した期間が2年10か月以上の者に限る。）も含まれます。

ホ　**退去強制令書の円滑な執行に協力**するとして法務大臣が告示で定める外国政府又は地域（出入国管理及び難民認定法施行令（平成10年政令第178号）第1条に定める地域をいう。以下同じ。）の権限ある機関の発行した旅券を所持していること。

5　退去強制令書の円滑な執行への協力

入管法における退去強制令書が発付されて送還されるべき外国人について、自国民の引取り義務を履行しない等、退去強制令書の円滑な執行に協力しない国・地域の外国人の受入れは認められません。

退去強制令書の円滑な執行に協力しない国・地域とは、告示で定める次の国・地域をいいます。

イラン・イスラム共和国（平成31年4月1日時点）

ヘ　特定技能（法別表第一の二の表の特定技能の項の下欄第一号に係るものに限る。）の在留資格をもって本邦に在留したことがある者にあっては、当該在留資格をもって在留した期間が**通算**して5年に達していないこと。

6　通算在留期間

「特定技能1号」で在留できる期間が通算で5年以内であることが求められます。

① 「**通算**」とは、特定産業分野を問わず、在留資格「特定技能1号」で本邦に在留した期間で、過去に在留資格「特定技能1号」で在留していた期間も含まれます。

② 次の場合は通算在留期間に含まれます。
・失業中や育児休暇及び産前産後休暇等による休暇期間
・労災による休暇期間
・再入国許可による出国（みなし再入国許可による出国を含む。）による出国期間
・「特定技能1号」を有する者が行った在留期間更新許可申請・在留資格変更許可申請中（転職を行うためのものに限る。）の特例期間
・平成31年4月の施行時の特例措置として「特定技能1号」への移行準備のために就労活動を認める「特定活動」で在留していた期間

③ 残余の特定技能雇用契約期間や在留期限にかかわらず、「特定技能1号」での通算在留期間が5年に達した時点で、以後の在留は認められないことに留意してください。

二　申請人又はその配偶者、直系若しくは同居の親族その他申請人と社会生活において密接な関係を有する者が、特定技能雇用契約に基づく申請人の本邦における活動に関連して、**保証金の徴収その他名目のいかんを問わず、金銭その他の財産を管理されず**、かつ、特定技能雇用契約の不履行について違約金を定める契約その他の**不当に金銭その他の財産の移転を予定する契約**が締結されておらず、かつ、締結されないことが見込まれること。

7　保証金の徴収・違約金契約等

特定技能外国人又はその親族等が、保証金の徴収や財産の管理又は違約金契約を締結させられているなどの場合には、特定技能の適正な活動を阻害するものであることから、これら保証金の徴収等がないことを求めるものです。

① 「**保証金の徴収その他名目のいかんを問わず、金銭その他の財産を管理されず**」については、特定技能所属機関や登録支援機関のほか、職業紹介事業者などの特定技能雇用契約に基づく特定技能外国人の日本における活動に関与する仲介事業者のみならず，本国及び日本の仲介事業者（ブローカー）等を含め、幅広く規制の対象とするものです（このため，本規定は特段主語を規定していません。）。

「保証金」や「違約金」とは、名目のいかんを問わず、実質的に財産の管理に当たる行為の全て

を含み、「金銭その他の財産」とは、金銭だけでなく、有価証券、土地、家屋、物品等の金銭的な価値のあるものをいいます。

② 「**不当に金銭その他の財産の移転を予定する契約**」とは、特定技能所属機関から失踪するなど労働契約の不履行に係る違約金を定める契約のほか、地方出入国在留管理局や労働基準監督署などの関係行政機関において法令違反に係る相談をすること、休日に許可を得ずに外出すること、若しくは作業時間中にトイレ等で離席すること等を禁じて、その違約金を定める契約又は商品若しくはサービスの対価として不当に高額な料金の徴収を予定する契約などが該当します。

8　費用負担の合意

外国人が入国前及び在留中に負担する費用について、その意に反して徴収されることを防止するために、当該外国人が負担する費用の額及び内訳を十分に理解して合意していることを求めるものです。当該外国人が不当に高額な費用を支払い、多額の借金を抱えて来日するといったことがないよう設けられたものです。

① 費用の徴収は、各国の法制に従って適法に行われることが前提となり、旅券の取得等に要した費用など社会通念上、特定技能外国人が負担することに合理的な理由が認められるものについては、外国の機関に費用を徴収されます。したがって、特定技能所属機関が，職業紹介事業者や外国の機関の関与を経て雇用する場合は、当該特定技能外国人が外国の機関から徴収された費用の額及びその内訳について、十分に理解し合意を得た上で，当該費用が徴収されていることを確認することが必要です。

② 特定技能外国人が定期に負担する費用のうち食費については、提供される食事、食材等の提供内容に応じて、実費に相当する額その他の適正な額でなければなりません。

③ 特定技能外国人が定期的に負担する費用のうち居住費については、自己所有物件の場合、借上物件の場合に応じて、合理的な費用でなければなりません。

三　申請人が特定技能雇用契約の申込みの取次ぎ又は外国における法別表第一の二の表の特定技能の項の下欄第一号に掲げる活動の準備に関して外国の機関に費用を支払っている場合にあっては、その額及び内訳を十分に理解して当該機関との間で合意していること。

四　申請人が国籍又は住所を有する国又は地域において、申請人が本邦で行う活動に関連して当該国又は地域において**遵守すべき手続**が定められている場合にあっては、当該手続を経ていること。

五　食費、居住費その他名目のいかんを問わず申請人が定期に負担する費用について、当該申請人が、当該費用の対価として供与される食事、住居その他の利益の内容を十分に理解した上で合意しており、かつ、当該費用の額が実費に相当する額その他の適正な額であり、当該費用の明細書その他の書面が提示されること。

六　前各号に掲げるもののほか、法務大臣が告示で定める特定の産業上の分野に係るものにあっては、当該産業上の分野を所管する関係行政機関

の長が、法務大臣と協議の上、当該産業上の**分野に特有の事情に鑑みて告示で定める基準**に適合すること。	④　特定技能外国人が定期的に負担する費用のうち水道・光熱費については、実際に要した費用を当該宿泊施設で特定技能外国人と同居している者（特定技能所属機関やその家族を含む。）の人数で除した額以内の額でなければなりません。 9　本国において**遵守すべき手続** 　　特定技能外国人が特定技能に係る活動を行うに当たり、海外に渡航して労働を行う場合の当該本国での許可等、本国において必要な手続を遵守していることが求められます。 10　**分野に特有の事情に鑑みて定められた基準** 　　特定産業分野ごとの特有の事情に鑑みて個別に定める基準に適合していることが求められます。

2　特定技能2号

　法務大臣が指定する本邦の公私の機関との雇用に関する契約に基づいて行う特定産業分野であって法務大臣が指定するものに属する法務省令で定める熟練した技能を要する業務に従事する活動です。

（1）受入れのポイント

（1）「特定技能2号」で在留する外国人（以下「2号特定技能外国人」という。）が従事する活動は、本邦の公私の機関（特定技能所属機関）との間の雇用に関する契約（特定技能雇用契約。法第2条の5第1項から第4項までの規定に適合するものに限る。）に基づくものでなければなりません。

（2）　2号特定技能外国人が従事する活動は、特定産業分野に属する業務であって、熟練した技能を要する業務でなければなりません。

（3）　特定産業分野における熟練した技能とは、当該特定産業分野における長年の実務経験等により身に付けた熟達した技能で、当該特定産業分野に係る分野別運用方針及び分野別運用要領で定める水準を満たすものをいいます。現行の専門的・技術的分野の在留資格を有する外国人と同等又はそれ以上の高い専門性・技能を要する技能であって、例えば自らの判断により高度に専門的・技術的な業務を遂行でき、又は監督者として業務を統括し、熟練した技能で業務を遂行できる水準のものとされています。

（4）　当該技能水準は、分野別運用方針において定める当該特定産業分野の業務区分に対応する試験等により確認することとされています。

（5）「特定技能2号」は、「特定技能1号」よりも高い技能水準を持つ者に対して付与される在留資格ですが、当該技能水準を有していることの判断は、試験の合格等によって行われることとなります。よって、「特定技能1号」を経れば自動的に「特定技能2号」に移行できるものではなく、他方、試験の合格等により「特定技能2号」で定める技能水準を有していると認められる者であれば、「特定技能1号」を経なくても「特定技能2号」の在留資格を取得することができます。

（2）上陸許可基準とその留意点

上陸許可基準	留意点
申請人に係る特定技能雇用契約が法第2条の5第1項及び第2項の規定に適合すること及び特定技能雇用契約の相手方となる本邦の公私の機関が同条第3項（第二号を除く。）及び第4項の規定に適合することのほか、申請人が次のいずれにも該当していること。 一　申請人が次のいずれにも該当していること。 　イ　18歳以上であること。 　ロ　**健康状態**が良好であること。	1　年齢 　日本の労働法制上、法定時間外労働や休日労働等の規制なく就労が可能となるのは18歳以上であることから、特定技能外国人についても18歳以上としたものです。 ①　外国人が18歳未満であっても、在留資格認定証明書交付申請を行うことは可能ですが、日本に上陸する時点においては、18歳以上でなければなりません。 ②　学歴については、特に基準は設けられてはいません。 2　**健康状態** 　特定技能に係る活動を安定的かつ継続的に行うことを確保する観点等から、当該外国人の健康状態が良好であることが求められます。 ①　新たに日本に入国する場合（在留資格認定証明書交付申請を行う場合）には、申請の日から遡って3か月以内に、日本で行おうとする活動を支障なく行うことができる健康状態にあることについて、医師の診断を受けなければなりません。 ②　技能実習生や留学生などで在留中の者が、「特定技能」へ変更しようとする場合（在留資格変更許可申請を行う場合）には、申請の日から遡って1年以内に、日本の医療機関で医師の診断を受けていれば、その診断書を提出して差し支えありません。 ③　様式は健康診断個人票（参考様式第1-3号）となります。参考様式と異なる様式のものを提出する場合、参考様式に掲げる項目を欠いているときは、その項目について追加で受診した上で健康診断書を提出するよう求められます。

ハ　従事しようとする業務に必要な熟練した技能を有していることが試験その他の評価方法により証明されていること。

ニ　**退去強制令書の円滑な執行に協力**するとして法務大臣が告示で定める外国政府又は地域の権限ある機関の発行した旅券を所持していること。

ニ　申請人又はその配偶者、直系若しくは同居の親族その他申請人と社会生活において密接な関係を有する者が、特定技能雇用契約に基づく申請人の本邦における活動に関連して、**保証金の徴収その他名目のいかんを問わず、金銭その他の財産を管理**されず、かつ、特定技能雇用契約の不履行について違約金を定める契約その他の**不当に金銭その他の財産の移転を予定する契約**が締結されておらず、かつ、締結されないことが見込まれること。

3　技能水準

　従事しようとする業務に必要な「**熟練した技能**」を有していることが、試験その他の評価方法により証明されていることが求められます。

①　試験その他の評価方法は、特定産業分野に係る分野別運用方針及び分野別運用要領で定められています。

②　分野によっては、技能試験による評価方法に加えて、実務経験等の要件を付加的に求めているものもあります。

4　**退去強制令書の円滑な執行への協力**

　入管法における退去強制令書が発付されて送還されるべき外国人について、自国民の引取り義務を履行しない等、退去強制令書の円滑な執行に協力しない国・地域の外国人の受入れは認められません。

　退去強制令書の円滑な執行に協力しない国・地域とは、告示で定める次の国・地域をいいます。

　イラン・イスラム共和国（平成31年4月1日時点）

5　保証金の徴収・違約金契約等

　特定技能外国人又はその親族等が、保証金の徴収や財産の管理又は違約金契約を締結させられているなどの場合には、特定技能の適正な活動を阻害するものであることから、これら保証金の徴収等がないことが求められます。

①　「**保証金の徴収その他名目のいかんを問わず、金銭その他の財産を管理されず**」については、特定技能所属機関や登録支援機関のほか、職業紹介事業者などの特定技能雇用契約に基づく特定技能外国人の日本における活動に関与する仲介事業者のみならず，本国及び日本の仲介事業者（ブローカー）等を含め、幅広く規制の対象とするものです（このため，本規定は特段主語を規定していません。）。

　「保証金」や「違約金」とは、名目のいかんを問わず、実質的に財産の管理に当たる行為の全てを含み、「金銭その他の財産」とは、金銭だけでなく、有価証券、土地、家屋、物品等の金銭的な価値のあるものをいいます。

三　申請人が特定技能雇用契約の申込みの取次ぎ又は外国における法別表第一の二の表の特定技能の項の下欄第二号に掲げる活動の準備に関して外国の機関に費用を支払っている場合にあっては、その額及び内訳を十分に理解して当該機関との間で合意していること。

四　申請人が国籍又は住所を有する国又は地域において、申請人が本邦で行う活動に関連して当該国又は地域において**遵守すべき手続**が定められている場合にあっては、当該手続を経ていること。

五　食費、居住費その他名目のいかんを問わず申請人が定期に負担する費用について、当該申請人が、当該費用の対価として供与される食事、住居その他の利益の内容を十分に理解した上で合意しており、かつ、当該費用の額が実費に相当する額その他の適正な額であり、当該費用の明細書その他の書面が提示されること。

② 「**不当に金銭その他の財産の移転を予定する契約**」とは、特定技能所属機関から失踪するなど労働契約の不履行に係る違約金を定める契約のほか、地方出入国在留管理局や労働基準監督署などの関係行政機関において法令違反に係る相談をすること、休日に許可を得ずに外出すること、若しくは作業時間中にトイレ等で離席すること等を禁じて、その違約金を定める契約又は商品若しくはサービスの対価として不当に高額な料金の徴収を予定する契約などが該当します。

6　費用負担の合意

外国人が入国前及び在留中に負担する費用について、その意に反して徴収されることを防止するために、当該外国人が負担する費用の額及び内訳を十分に理解して合意していることが求められます。当該外国人が不当に高額な費用を支払い、多額の借金を抱えて来日するといったことがないよう設けられたものです。

① 費用の徴収は、各国の法制に従って適法に行われることが前提となり、旅券の取得等に要した費用など社会通念上、特定技能外国人が負担することに合理的な理由が認められるものについては、外国の機関に費用を徴収されます。したがって、特定技能所属機関が，職業紹介事業者や外国の機関の関与を経て雇用する場合は、当該特定技能外国人が外国の機関から徴収された費用の額及びその内訳について、十分に理解し合意を得た上で，当該費用が徴収されていることを確認することが必要です。

② 特定技能外国人が定期に負担する費用のうち食費については、提供される食事、食材等の提供内容に応じて、実費に相当する額その他の適正な額でなければなりません。

③ 特定技能外国人が定期に負担する費用のうち居住費については、自己所有物件の場合、借上物件の場合に応じて、合理的な費用でなければなりません。

④ 特定技能外国人が定期に負担する費用のうち水道・光熱費については、実際に要した費用を当該宿泊施設で特定技能外国人と同居している

者（特定技能所属機関やその家族を含む。）の人数で除した額以内の額でなければなりません。

7　本国において遵守すべき手続

　特定技能外国人が特定技能に係る活動を行うに当たり、海外に渡航して労働を行う場合の当該本国での許可等、本国において必要な手続を遵守していることが求められます。

六　**技能実習の在留資格をもって本邦に在留していたことがある者**にあっては、当該在留資格に基づく活動により本邦において修得、習熟又は熟達した**技能等の本国への移転に努めるものと認められること。**

8　技能実習により修得等した技能等の本国への移転

　技能実習の活動に従事していた者が「特定技能２号」の許可を受けようとする場合には、技能実習において修得等した**技能等を本国へ移転**することに努めるものと認められることが求められます。

①　**「努めるものと認められること」**とは、日本で修得等した技能等の本国への移転に努めることが見込まれることを指し、実際に本国への移転を行い成果を挙げることまでを求められるものではありません。

②　**「技能実習の在留資格をもって本邦に在留していたことがある者」**には、「技能実習」の在留資格が施行された平成22年７月前の「特定活動」（技能実習）をもって在留していた者も含まれます。

③　申請人が内容を十分に理解して技術移転に係る申告書（参考様式第１－10号に）に署名していることが求められます。

七　前各号に掲げるもののほか、法務大臣が告示で定める特定の産業上の分野に係るものにあっては、当該産業上の分野を所管する関係行政機関の長が、法務大臣と協議の上、当該産業上の分野に特有の事情に鑑みて告示で定める基準に適合すること。

9　分野に特有の事情に鑑みて定められた基準に関するもの

　特定産業分野ごとの特有の事情に鑑みて個別に定める基準に適合していることが求められます。

3　在留資格「特定技能」の留意点

（1）入管法第2条の5に定める 「本邦の公私の機関との雇用に関する契約 （特定技能雇用契約等）」

入管法第2条の5に定める本邦の公私の機関との雇用に関する契約（特定技能雇用契約等）は次のとおりです。

第2の5　別表第一の二の表の特定技能の項の下欄第一号又は第二号に掲げる活動を行おうとする外国人が本邦の公私の機関と締結する雇用に関する契約（以下「特定技能雇用契約」という。）は、次に掲げる事項が適切に定められているものとして法務省令で定める基準に適合するものでなければならない。

一　特定技能雇用契約に基づいて当該外国人が行う当該活動の内容及びこれに対する報酬その他の雇用関係に関する事項

二　前号に掲げるもののほか、特定技能雇用契約の期間が満了した外国人の出国を確保するための措置その他当該外国人の適正な在留に資するために必要な事項

2　前項の法務省令で定める基準には、外国人であることを理由として、報酬の決定、教育訓練の実施、福利厚生施設の利用その他の待遇について、差別的取扱いをしてはならないことを含むものとする。

3　特定技能雇用契約の相手方となる本邦の公私の機関は、次に掲げる事項が確保されるものとして法務省令で定める基準に適合するものでなければならない。

一　前二項の規定に適合する特定技能雇用契約（第19条の19第二号において「適合特定技能雇用契約」という。）の適正な履行

二　第6項及び第7項の規定に適合する第6項に規定する一号特定技能外国人支援計画（以下「適合一号特定技能外国人支援計画」という。）の適正な実施

4　前項の法務省令で定める基準には、同項の本邦の公私の機関（当該機関が法人である場合においては、その役員を含む。）が、特定技能雇用契約の締結の日前5年以内に出入国又は労働に関する法令に関し不正又は著しく不当な行為をしていないことを含むものとする。

（2）特定産業分野

　特定技能1号に係る産業上の分野は、次のとおりです。

①介護分野　　　　②ビルクリーニング分野　　　　③素形材産業分野

④産業機械製造業分野　　　⑤電気・電子情報関連産業分野　　　⑥建設分野

⑦造船・舶用工業分野　　　⑧自動車整備分野　　　⑨航空分野　　　⑩宿泊分野

⑪農業分野　　　　⑫漁業分野　　　　⑬飲食料品製造業分野　　　　⑭外食業分野

（3）受入れ機関に関する基準

①　特定技能雇用契約が満たすべき基準

　入管法第2条の5第1項第一号に定める特定技能雇用契約が満たすべき基準は次のとおりです。

〈法第2条の5第1項、第2項、特定技能基準省令第1条〉

①　労働基準法その他の労働に関する法令の規定に適合していること

②　分野省令で定める技能を要する業務に従事させるものであること

③　所定労働時間が、特定技能所属機関に雇用される通常の労働者の所定労働時間と同等であること

④　報酬額が日本人が従事する場合の額と同等以上であること

⑤　外国人であることを理由として、報酬の決定、教育訓練の実施、福利厚生施設の利用その他の待遇について、差別的な取扱いをしていないこと

⑥　一時帰国を希望した場合には、休暇を取得させるものとしていること

⑦　労働者派遣等の対象とする場合は、派遣先や派遣期間が定められていること

⑧　外国人が帰国旅費を負担できないときは、特定技能所属機関が負担するとともに契約終了後の出国が円滑になされるよう必要な措置を講ずることとしていること

⑨　特定技能所属機関が外国人の健康の状況その他の生活の状況を把握するために必要な措置を講ずることとしていること

⑩　特定の産業上の分野に特有の基準に適合すること（※分野所管省庁の定める告示で規定）

②　受入れ機関自体が満たすべき基準 （特定技能雇用契約の適正な履行確保）

特定技能雇用契約の相手方となる日本の公私の機関（特定技能所属機関）が満たすべき基準は次のとおりです。

〈法第2条の5第3項、第4項、特定技能基準省令第2条第1項〉

① 労働、社会保険及び租税に関する法令を遵守していること

② 1年以内に特定技能外国人と同種の業務に従事する労働者を非自発的に離職させていないこと

③ 1年以内に特定技能所属機関の責めに帰すべき事由により行方不明者を発生させていないこと

④ 欠格事由（5年以内に出入国・労働法令違反がないこと等）(注)に該当しないこと

⑤ 特定技能外国人の活動内容に係る文書を作成し、雇用契約終了日から1年以上備えて置くこと

⑥ 外国人等が保証金の徴収等をされていることを特定技能所属機関が認識して雇用契約を締結していないこと

⑦ 特定技能所属機関が違約金を定める契約等を締結していないこと

⑧ 一号特定技能外国人支援に要する費用を、直接又は間接に外国人に負担させないこと

⑨ 労働者派遣の場合は、派遣元が当該特定産業分野を所管する関係行政機関の長と協議の上で適当であると認められる者であるほか、派遣先が①～④の基準に適合すること

⑩ 労働者災害補償保険に係る保険関係の成立の届出等の措置を講じていること

⑪ 特定技能雇用契約を継続して履行する体制が適切に整備されていること

⑫ 特定技能雇用契約に基づく報酬を預貯金口座への振込等により支払うこと

⑬ 特定の産業上の分野に特有の基準に適合すること（※分野所管省庁の定める告示で規定）

(注) 欠格事由とは、下記のとおりです。

1　禁錮以上の刑に処せられ、その執行を終わり、又は執行を受けることがなくなった日から起算して5年を経過しない者

2　次に掲げる規定又はこれらの規定に基づく命令の規定により、罰金の刑に処せられ、その執行を終わり、又は執行を受けることがなくなった日から起算して5年を経過しない者

　① 労働基準法第117条（船員職業安定法第89条第1項又は労働者派遣法第44条第1項の規定により適用される場合を含む。）、第118条第1項（労働基準法第6条及び第56条の規定に係る部分に限る。）、第119条（同法第16条、第17条、第18条第1項及び第37条の規定に係る部分に限る。）及び第120条（同法第18条第7項及び第23条から第27

条までの規定に係る部分に限る。）の規定並びにこれらの規定に係る同法第121条の規
定

② 船員法第129条（同法第85条第1項の規定に係る部分に限る。）、第130条（同法第33
条、第34条第1項、第35条、第45条及び第66条（同法第88条の2の2第4項及び第5
項並びに第88条の3第4項において準用する場合を含む。）の規定に係る部分に限る。）
及び第131条（第一号（同法第53条第1項及び第2項、第54条、第56条並びに第58条
第1項の規定に係る部分に限る。）及び第三号に係る部分に限る。）の規定並びにこれ
らの規定に係る同法第135条第1項の規定（これらの規定が船員職業安定法第92条第
1項の規定により適用される場合を含む。）

③ 職業安定法第63条、第64条、第65条（第一号を除く。）及び第66条の規定並びにこ
れらの規定に係る同法第67条の規定

④ 船員職業安定法第111条から第115条までの規定

⑤ 法第71条の3、第71条の4、第73条の2、第73条の4から第74条の6の3まで、第
74条の8及び第76条の2の規定

⑥ 最低賃金法第40条の規定及び同条の規定に係る同法第42条の規定

⑦ 労働施策の総合的な推進並びに労働者の雇用の安定及び職業生活の充実等に関する
法律第40条第1項（第二号に係る部分に限る。）の規定及び当該規定に係る同条第2
項の規定

⑧ 建設労働者の雇用の改善等に関する法律第49条、第50条及び第51条（第二号及び第
三号を除く。）の規定並びにこれらの規定に係る同法第52条の規定

⑨ 賃金の支払の確保等に関する法律第18条の規定及び同条の規定に係る同法第20条の
規定

⑩ 労働者派遣法第58条から第62条までの規定

⑪ 港湾労働法第48条、第49条（第一号を除く。）及び第51条（第二号及び第三号に係
る部分に限る。）の規定並びにこれらの規定に係る同法第52条の規定

⑫ 中小企業における労働力の確保及び良好な雇用の機会の創出のための雇用管理の改
善の促進に関する法律第19条、第20条及び第21条（第三号を除く。）の規定並びにこ
れらの規定に係る同法第22条の規定

⑬ 育児休業、介護休業等育児又は家族介護を行う労働者の福祉に関する法律第62条か
ら第65条までの規定

⑭ 林業労働力の確保の促進に関する法律第32条、第33条及び第34条（第三号を除く。）
の規定並びにこれらの規定に係る同法第35条の規定

⑮ 外国人の技能実習の適正な実施及び技能実習生の保護に関する法律（以下「技能実
習法」という。）第108条、第109条、第110条（同法第44条の規定に係る部分に限る。）、
第111条（第一号を除く。）及び第112条（第一号（同法第35条第1項の規定に係る部

分に限る。）及び第六号から第十一号までに係る部分に限る。）の規定並びにこれらの規定に係る同法第113条の規定

⑯　労働者派遣法第44条第4項の規定により適用される労働基準法第118条、第119条及び第121条の規定、船員職業安定法第89条第7項の規定により適用される船員法第129条から第131条までの規定並びに労働者派遣法第45条第7項の規定により適用される労働安全衛生法第119条及び第122条の規定

3　暴力団員による不当な行為の防止等に関する法律の規定（同法第50条（第二号に係る部分に限る。）及び第52条の規定を除く。）により、又は刑法第204条、第206条、第208条、第208条の2、第222条若しくは第247条の罪若しくは暴力行為等処罰に関する法律の罪を犯したことにより、罰金の刑に処せられ、その執行を終わり又は執行を受けることがなくなった日から起算して5年を経過しない者

4　健康保険法第208条、第213条の2若しくは第214条第1項、船員保険法第156条、第159条若しくは第160条第1項、労働者災害補償保険法第51条前段若しくは第54条第1項（同法第51条前段の規定に係る部分に限る。）、厚生年金保険法第102条、第103条の2若しくは第104条第1項（同法第102条又は第103条の2の規定に係る部分に限る。）、労働保険の保険料の徴収等に関する法律第46条前段若しくは第48条第1項（同法第46条前段の規定に係る部分に限る。）又は雇用保険法第83条若しくは第86条（同法第83条の規定に係る部分に限る。）の規定により、罰金の刑に処せられ、その執行を終わり、又は執行を受けることがなくなった日から起算して5年を経過しない者

5　精神の機能の障害により特定技能雇用契約の履行を適正に行うに当たっての必要な認知、判断及び意思疎通を適切に行うことができない者

6　破産手続開始の決定を受けて復権を得ない者

7　技能実習法第16条第1項の規定により実習認定を取り消され、当該取消しの日から起算して5年を経過しない者

8　技能実習法第16条第1項の規定により実習認定を取り消された者が法人である場合（同項第三号の規定により実習認定を取り消された場合については、当該法人が2又は4に規定する者に該当することとなったことによる場合に限る。）において、当該取消しの処分を受ける原因となった事項が発生した当時現に当該法人の役員（業務を執行する社員、取締役、執行役又はこれらに準ずる者をいい、相談役、顧問その他いかなる名称を有する者であるかを問わず、法人に対し業務を執行する社員、取締役、執行役又はこれらに準ずる者と同等以上の支配力を有するものと認められる者を含む。12において同じ。）であった者で、当該取消しの日から起算して5年を経過しないもの

9　特定技能雇用契約の締結の日前5年以内又はその締結の日以後に、次に掲げる行為その他の出入国又は労働に関する法令に関し不正又は著しく不当な行為をした者

①　外国人に対して暴行し、脅迫し又は監禁する行為

②　外国人の旅券又は在留カードを取り上げる行為

③　外国人に支給する手当又は報酬の一部又は全部を支払わない行為

④　外国人の外出その他私生活の自由を不当に制限する行為

⑤　①から④までに掲げるもののほか、外国人の人権を著しく侵害する行為

⑥　外国人に係る出入国又は労働に関する法令に関して行われた不正又は著しく不当な行為に関する事実を隠蔽する目的又はその事業活動に関し外国人に法第三章第一節若しくは第二節の規定による証明書の交付、上陸許可の証印若しくは許可、同章第四節の規定による上陸の許可若しくは法第四章第一節若しくは第二節若しくは第五章第三節の規定による許可を受けさせる目的で、偽造若しくは変造された文書若しくは図画若しくは虚偽の文書若しくは図画を行使し、又は提供する行為

⑦　特定技能雇用契約に基づく当該外国人の本邦における活動に関連して、保証金の徴収若しくは財産の管理又は当該特定技能雇用契約の不履行に係る違約金を定める契約その他不当に金銭その他の財産の移転を予定する契約を締結する行為

⑧　外国人若しくはその配偶者、直系若しくは同居の親族その他当該外国人と社会生活において密接な関係を有する者との間で、特定技能雇用契約に基づく当該外国人の本邦における活動に関連して、保証金の徴収その他名目のいかんを問わず金銭その他の財産の管理をする者若しくは当該特定技能雇用契約の不履行について違約金を定める契約その他の不当に金銭その他の財産の移転を予定する契約を締結した者又はこれらの行為をしようとする者からの紹介を受けて、当該外国人と当該特定技能雇用契約を締結する行為

⑨　法第19条の18の規定による届出をせず、又は虚偽の届出をする行為

⑩　法第19条の20第1項の規定による報告若しくは帳簿書類の提出若しくは提示をせず、若しくは虚偽の報告若しくは虚偽の帳簿書類の提出若しくは提示をし、又は同項の規定による質問に対して答弁をせず、若しくは虚偽の答弁をし、若しくは同項の規定による検査を拒み、妨げ、若しくは忌避する行為

⑪　法第19条の21第1項の規定による処分に違反する行為

10　暴力団員による不当な行為の防止等に関する法律第2条第六号に規定する暴力団員（以下「暴力団員」という。）又は暴力団員でなくなった日から5年を経過しない者（以下「暴力団員等」という。）

11　営業に関し成年者と同一の行為能力を有しない未成年者であって、その法定代理人が1から10まで又は12のいずれかに該当するもの

12　法人であって、その役員のうちに1から11までのいずれかに該当する者があるもの

13　暴力団員等がその事業活動を支配する者

③　受入れ機関自体が満たすべき基準（支援計画の適正な実施の確保）

　法第2条の5第3項の基準のうち一号特定技能外国人支援計画の適正な実施の確保に係るものは、次のとおりです。　〈法第2条の5 第3項、特定技能基準省令第2条第2項〉

※ 登録支援機関に支援を全部委託する場合には満たすものとみなされます。

1　以下のいずれかに該当すること

　①　過去2年間に中長期在留者（就労資格のみ。）の受入れ又は管理を適正に行った実績があり、かつ、役員又は職員の中から、支援責任者及び支援担当者（事業所ごとに1名以上。以下同じ。）を選任していること（ただし、支援責任者は支援担当者を兼ねることができる。以下同じ。）

　②　役職員で過去2年間に中長期在留者（就労資格のみ。）の生活相談等に従事した経験を有するものの中から、支援責任者及び支援担当者を選任していること

　③　①又は②と同程度に支援業務を適正に実施することができる者で、役員又は職員の中から、支援責任者及び支援担当者を選任していること

2　外国人が十分理解できる言語で支援を実施することができる体制を有していること

3　一号特定技能外国人支援の状況に係る文書を作成し、雇用契約終了日から1年以上備えて置くこと

4　支援責任者及び支援担当者が，支援計画の中立な実施を行うことができ、かつ、欠格事由に該当しないこと

5　5年以内に適合一号特定技能外国人支援計画に基づく支援を怠ったことがないこと

6　支援責任者又は支援担当者が、外国人及びその監督をする立場にある者と定期的な面談を実施することができる体制を有していること

7　特定の産業上の分野に特有の基準に適合すること（※分野所管省庁の定める告示で規定）

（4）支援計画に関する基準　支援計画が満たすべき基準

　一号特定技能外国人支援計画が満たすべき基準は次のとおりです。

　　　　　　〈法第2条の5第6項、第7項、第8項、特定技能基準省令第3条、第4条〉

1　支援計画に①〜⑤を記載しなければならないこと。

①　次に掲げる事項を含む職業生活上、日常生活上又は社会生活上の支援の内容

　ア　入国前に、留意すべき事項に関する情報の提供を実施すること

　イ　出入国しようとする飛行場等において外国人の送迎をすること

　ウ　賃貸借契約の保証人となることその他の適切な住居の確保に係る支援、預貯金口座の開設及び携帯電話の利用に関する契約その他の生活に必要な契約に係る支援をすること

　エ　入国後に、次に掲げる事項に関する情報の提供を実施すること

　　・日本での生活一般に関する事項

　　・国又は地方公共団体に対する届出その他の手続

　　・相談又は苦情の対応者の連絡先及び国又は地方公共団体の機関の連絡先

　　・理解できる言語により医療を受けることができる医療機関に関する事項

　　・防災及び防犯に関する事項並びに急病その他の緊急時における対応に必要な事項

　　・法令違反を知ったときの対応方法、法的保護に必要な事項

　オ　当該外国人が届出その他の手続を履行するに当たり、同行その他の支援をすること

　カ　生活に必要な日本語を学習する機会を提供すること。

　キ　相談・苦情対応、助言、指導等を講じること

　ク　当該外国人と日本人との交流の促進に係る支援をすること。

　ケ　外国人の責めに帰すべき事由によらないで雇用契約を解除される場合において、新しい就職先で活動を行うことができるようにするための支援をすること

　コ　支援責任者又は支援担当者が外国人及びその監督をする立場にある者と定期的な面談を実施し、労働関係法令違反等の問題の発生を知ったときは、その旨を関係行政機関に通報すること

②　登録支援機関に支援を全部委託する場合は、委託契約の内容等

③　登録支援機関以外に委託する場合は、委託先や委託契約の内容

④　支援責任者及び支援担当者の氏名及び役職名

⑤　特定の産業上の分野に特有の事情に鑑みて分野所管省庁が告示で定める事項

2　支援計画は、日本語及び外国人が十分理解できる言語により作成し、当該外国人にその写しを交付しなければならないこと

3　支援の内容が、外国人の適正な在留に資するものであって、かつ、特定技能所属機関等において適切に実施することができるものであること

4　上記1のアの情報の提供の実施は、対面又はテレビ電話装置等により実施されること

5　上記1のア・エ・キ・コの情報の提供の実施及び相談・苦情対応等の支援が、外国人が十分理解できる言語で実施されること

6　一号特定技能外国人支援の一部を他者に委託する場合は、委託の範囲が明示されていること

7　産業分野に特有の基準に適合すること（※分野所管省庁の定める告示で規定）

（5）入管法第2条の5第5項に定める登録支援機関について

　一号特定技能外国人を受け入れる特定技能所属機関（特定技能雇用契約の相手方となる本邦の公私の機関）が契約により、委託できる登録支援機関は次のとおりです。

〈法第19条の23、第19条の24、法第19条の26、施行令第5条、施行規則第19条の20、第19条の21〉

1　登録支援機関の登録について

①　契約により委託を受けて適合一号特定技能外国人支援計画の全部を実施する業務を行う者は、出入国在留管理庁長官の登録を受けることができることになっています。

②　その登録は5年ごとに更新を受けることができることになっています。

2　登録支援機関の登録を受けるための申請について

①　法第19条の24第1項の申請は、法定の様式による申請書を出入国在留管理庁長官（地方出入国在留管理局）に提出しなければならない。

②　法第19条の24第1項第三号の法務省令で定める事項は、次のとおりとする。

　ア　支援業務を開始する予定年月日

　イ　特定技能外国人からの相談に応じる体制の概要

③　法第19条の24第2項（法第19条の27第3項において準用する場合を含む。）の法務省令で定める書類は、次のとおりとする。

　ア　申請者が法人の場合にあっては申請者の登記事項証明書及び定款又は寄附行為並びにその役員の住民票の写し（営業に関し成年者と同一の行為能力を有しない未成年者である役員については、当該役員及びその法定代理人の住民票の写し（法定代

理人が法人である場合は、当該法人の登記事項証明書及び定款又は寄附行為並びにその役員の住民票の写し）、法人でない場合にあっては申請者の住民票の写し

イ　申請者の概要書

ウ　支援委託契約の契約書又はこれに代わる書類の写し

エ　法第19条の26第1項各号（登録支援機関の欠格事由）のいずれにも該当しないことを誓約する書面

オ　支援業務の実施に関する責任者（以下「支援責任者」という。）の履歴書並びに就任承諾書及び支援業務に係る誓約書の写し

カ　支援業務の担当者（以下「支援担当者」という。）の履歴書並びに就任承諾書及び支援業務に係る誓約書の写し

キ　その他必要な書類

3　登録支援機関の登録拒否事由

※　次に掲げる登録拒否事由に該当しなければ，法人のみならず個人であっても登録が認められます。

①　法第19条の26第1項第五号の法務省令で定める者は、精神の機能の障害により支援業務を適正に行うに当たって必要な認知、判断及び意思疎通を適切に行うことができない者とする。

②　法第19条の26第1項第十四号の法務省令で定める者は、次のいずれかに該当する者とする。

ア　過去1年間に、登録支援機関になろうとする者において、その者の責めに帰すべき事由により外国人の行方不明者を発生させている者

イ　登録支援機関になろうとする者において、役員又は職員の中から、支援責任者及び支援業務を行う事務所ごとに一名以上の支援担当者（支援責任者が兼ねることができる。）が選任されていない者

ウ　次のいずれにも該当しない者

　(ｱ)　過去2年間に法別表第一の一の表、二の表及び五の表の上欄の在留資格（収入を伴う事業を運営する活動又は報酬を受ける活動を行うことができる在留資格に限る。(ｳ)において同じ。）をもって在留する中長期在留者の受入れ又は管理を適正に行った実績がある者であること

　(ｲ)　過去2年間に報酬を得る目的で業として日本に在留する外国人に関する各種の相談業務に従事した経験を有する者であること

　(ｳ)　選任された支援責任者及び支援担当者が、過去5年間に2年以上法別表第一の一の表、二の表及び五の表の上欄の在留資格をもって在留する中長期在留者の生活相談業務に従事した一定の経験を有する者であること

　(ｴ)　上記(ｱ)から(ｳ)の者と同程度に支援業務を適正に実施することができる者として

認められたもの

エ　情報提供及び相談対応に関し次のいずれかに該当する者

　　(ア)　適合一号特定技能外国人支援計画に基づき情報提供すべき事項について、特定技能外国人が十分に理解することができる言語により適切に情報提供する体制を有していない者

　　(イ)　特定技能外国人からの相談に係る対応について、担当の職員を確保し、特定技能外国人が十分に理解することができる言語により適切に対応する体制を有していない者

　　(ウ)　支援責任者又は支援担当者が特定技能外国人及びその監督をする立場にある者と定期的な面談を実施することができる体制を有していない者

オ　支援業務の実施状況に係る文書を作成し、1年以上備えて置くこととしていない者

カ　支援責任者又は支援担当者が次のいずれか（支援担当者にあっては(ア)に限る。）に該当する者

　　(ア)　法第19条の26第1項第一号から第十一号までのいずれかに該当する者

　　(イ)　特定技能所属機関の役員の配偶者、2親等内の親族その他特定技能所属機関の役員と社会生活において密接な関係を有する者であるにもかかわらず、当該特定技能所属機関から委託を受けた支援業務に係る支援責任者となろうとする者

　　(ウ)　過去5年間に特定技能所属機関の役員又は職員であった者であるにもかかわらず、当該特定技能所属機関から委託を受けた支援業務に係る支援責任者となろうとする者

キ　一号特定技能外国人支援に要する費用について、直接又は間接に当該外国人に負担させることとしている者

ク　特定技能雇用契約を締結するに当たり、特定技能所属機関に対し、支援業務に要する費用の額及びその内訳を示すこととしていない者

（6）在留資格「特定技能」に係る特例措置について

　平成31年4月1日より施行されている「特定技能（1号・2号）」の在留資格に変更予定の「技能実習2号」修了者（建設特例・造船特例による「特定活動」で在留中の外国人を含む。）については、「特定技能1号」への変更申請の準備に必要な期間の在留資格が許可されます。

（1）　対象者

　　現に「技能実習2号」、「技能実習3号」、「特定活動（外国人建設就労者又は造船就労者として活動している者）」のいずれかにより在留中の技能実習生等のうち，同31年9月末までに在留期間が満了する方

（2）　許可される在留資格：「特定活動」（就労可）、在留期間：4月（原則として更新不可）

（3）　許可要件（以下のいずれも満たすことが必要）

①従前と同じ事業者で就労するために「特定技能1号」へ変更予定であること

②従前と同じ事業者で従前の在留資格で従事した業務と同種の業務に従事する雇用契約が締結されていること

③従前の在留資格で在留中の報酬と同等額以上の報酬を受けること

④登録支援機関となる予定の機関の登録が未了であるなど、「特定技能1号」への移行に時間を要することに理由があること

⑤「技能実習2号」で1年10か月以上在留し、かつ、修得した技能の職種・作業が「特定技能1号」で従事する特定産業分野の業務区分の技能試験・日本語能力試験の合格免除に対応するものであること

⑥受入れ機関が、労働、社会保険及び租税に関する法令を遵守していること

⑦受入れ機関が、欠格事由（前科、暴力団関係、不正行為等）に該当しないこと

⑧受入れ機関又は支援委託予定先において、外国人が十分理解できる言語で支援を実施できること

（7）複数の特定産業分野の業務に従事する場合の取扱い

　特定技能外国人が、複数の特定産業分野の技能水準及び日本語能力水準を満たした上で、特定技能所属機関において、対応する複数の特定産業分野の業務を行わせるための各基準に適合するときは、法務大臣が当該複数の特定産業分野の業務を指定することで、特定技能外国人は当該複数の特定産業分野の業務に従事する活動を行うことが可能となります。

（注）在留諸申請における各申請書の所属機関作成用１の「２　特定技能雇用契約（２）従事すべき業務の内容」欄を３つ設けていることから、複数の特定産業分野の業務に従事させることとする場合には、主に従事することとなる特定産業分野の業務について記載欄の最上段に「主たる分野」と記載した上で当該特定産業分野名を記載し、それ以外の特定産業分野の活動を２段目以降に「従たる分野」と記載した上で当該特定産業分野名を記載してください。

4　申請書類及び在留期間

（1）申請書類

①　在留資格認定証明書交付申請の場合

1　申請書　1通
2　「特定技能外国人の在留諸申請に係る提出書類一覧・確認表」を確認の上、必要な書類を提出してください。特定技能1号と特定技能2号のそれぞれについて、特定技能所属機関が法人の場合と個人の場合、個人の場合は更に健康保険・厚生年金保険の適用事務所である場合とない場合に分けられているほか、特定技能1号の農業分野及び漁業分野については派遣雇用が認められていますので、派遣雇用の場合の提出書類・確認表も別に設けられています。該当するものを選択してください。

　　※「運用要領・各種様式等」のページから各種様式をダウンロードすることができます。
3　申請人名簿
　　申請等取次者を介して複数の申請人について同時申請する場合のみ必要です。
4　その他地方出入国在留管理官署が必要とする資料

②　在留資格変更許可申請（すでに日本に在留している外国人が、特定技能への移行を希望）の場合

1　申請書　1通
2　申請人のパスポート及び在留カード　提示
3　「特定技能外国人の在留諸申請に係る提出書類一覧・確認表」を確認の上、必要な書類を提出してください。特定技能1号と特定技能2号のそれぞれについて、特定技能所属機関が法人の場合と個人の場合、個人の場合は更に健康保険・厚生年金保険の適用事務所である場合とない場合に分けられているほか、特定技能1号の農業分野及び漁業分野については派遣雇用が認められていますので、派遣雇用の場合の提出書類・確認表も別に設けられています。該当するものを選択してください。

　　※「運用要領・各種様式等」のページから各種様式をダウンロードすることができます。
4　申請人名簿

申請等取次者を介して複数の申請人について同時申請する場合のみ必要です。

5　その他地方出入国在留管理官署が必要とする資料

③　在留期間更新許可申請（特定技能として在留中で、在留期間の更新を行う外国人）の場合

1　申請書　1通

2　申請人のパスポート及び在留カード　提示

3　「特定技能外国人の在留諸申請に係る提出書類一覧・確認表」を確認の上、必要な書類を提出してください。特定技能1号と特定技能2号のそれぞれについて、特定技能所属機関が法人の場合と個人の場合、個人の場合は更に健康保険・厚生年金保険の適用事務所がある場合とない場合に分けられているほか、特定技能1号の農業分野及び漁業分野については派遣雇用が認められていますので、派遣雇用の場合の提出書類・確認表も別に設けられています。該当するものを選択してください。

　　※「運用要領・各種様式等」のページから各種様式をダウンロードすることができます。

4　申請人名簿

　　申請等取次者を介して複数の申請人について同時申請する場合のみ必要です。

5　その他地方出入国在留管理官署が必要とする資料

（2）在留期間

① 特定技能1号

　特定技能雇用契約の期間が1年以上であり、かつ、「特定技能1号」での通算在留期間が4年以内の者については、原則として「1年」、また「特定技能1号」での通算在留期間が4年を超えている者からの在留諸申請については、「1年」、「6月」及び「4月」のうち、通算5年の残余の雇用期間を下回らないものの中で最短の在留期間が決定されます。

② 特定技能2号

在留期間	運　用
3年	次のいずれにも該当するもの。 ① 申請人が入管法上の届出義務（住居地の届出、住居地変更の届出、所属機関の変更の届出等）を履行しているもの（上陸時の在留期間決定の際には適用しない。） ② 学齢期（義務教育の期間をいう。）の子を有する親にあっては、子が小学校、中学校又は義務教育学校（いわゆるインターナショナルスクール等も含む。）に通学しているもの（上陸時の在留期間決定の際には適用しない。） ③ 「特定技能2号」の在留資格で本邦において引き続き3年以上「特定技能2号」の在留資格に該当する活動を行っているもの ④ 就労予定期間が1年を超えているもの
1年	3年又は6月のいずれにも該当しないもの。
6月	次のいずれかに該当するもの。 ① 申請人が入管法上の届出義務（住居地の届出、住居地変更の届出、所属機関の変更の届出等）を履行していないもの（上陸時の在留期間決定の際には適用しない。） ② 職務上の地位、活動実績、特定技能所属機関の受入れ状況等から、在留状況を6月に1回確認する必要があるもの ③ 就労予定期間が6月以下であるもの

第3章

介護福祉士の国家資格を取得した
外国人の就労について

介護福祉士の国家資格を取得した外国人が介護施設等において就労するためには、入管法に定める在留資格「介護」の要件である「本邦の公私の機関との契約に基づいて介護福祉士の資格を有する者が介護又は介護の指導を行う業務に従事する活動」に該当することが必要となります。

（1）適用される上陸許可基準

在留資格「介護」に適用される上陸許可基準として、

ア　社会福祉士及び介護福祉士法（昭和62年法律第30号）第40条第2項第5号又は社会福祉士及び介護福祉士法施行規則（昭和62年厚生省令第49号）第21条第3号に該当する場合で、法別表第一の二の表の技能実習の項の下欄に掲げる活動に従事していたときは、当該活動により本邦において修得、習熟又は熟達した技能等の本国への移転に努めるものと認められること

イ　日本人が従事する場合に受ける報酬と同等額以上の報酬を受けることがあります。

【ポイント】

1　対象

　この在留資格は、介護福祉士の国家資格を取得した外国人が対象となります。

2　介護福祉士養成施設卒業者に係る経過措置

　平成29年度から介護福祉士養成施設卒業者も国家試験合格が必要となります。ただし、令和8年度までの同卒業者には卒業後5年間の経過措置が設けられています。すなわち、令和8年度までの卒業者は介護福祉士資格を取得（登録）することが可能で、卒業後5年間のうちに国家試験に合格するか又は介護福祉士としての就労を継続することによって、介護福祉士としての就労が可能となります。

社会福祉士及び介護福祉士法（介護福祉士試験）

第四十条　介護福祉士試験は、介護福祉士として必要な知識及び技能について行う。

2　介護福祉士試験は、次の各号のいずれかに該当する者でなければ、受けることができない。

一　学校教育法第九十条第一項の規定により大学に入学することができる者（この号の規定により文部科学大臣及び厚生労働大臣の指定した学校が大学である場合において、当該大学が同条第二項の規定により当該大学に入学させた者を含む。）

であつて、文部科学大臣及び厚生労働大臣の指定した学校又は都道府県知事の指定した養成施設において二年以上介護福祉士として必要な知識及び技能を修得したもの

二　学校教育法に基づく大学において文部科学省令・厚生労働省令で定める社会福祉に関する科目を修めて卒業した者（当該科目を修めて同法に基づく専門職大学の前期課程を修了した者を含む。）その他その者に準ずるものとして厚生労働省令で定める者であつて、文部科学大臣及び厚生労働大臣の指定した学校又は都道府県知事の指定した養成施設において一年以上介護福祉士として必要な知識及び技能を修得したもの

三　学校教育法第九十条第一項の規定により大学に入学することができる者（この号の厚生労働省令で定める学校が大学である場合において、当該大学が同条第二項の規定により当該大学に入学させた者を含む。）であつて、厚生労働省令で定める学校又は養成所を卒業した後、文部科学大臣及び厚生労働大臣の指定した学校又は都道府県知事の指定した養成施設において一年以上介護福祉士として必要な知識及び技能を修得したもの

四　学校教育法に基づく高等学校又は中等教育学校であつて文部科学大臣及び厚生労働大臣の指定したものにおいて三年以上（専攻科において二年以上必要な知識及び技能を修得する場合にあつては、二年以上）介護福祉士として必要な知識及び技能を修得した者

五　三年以上介護等の業務に従事した者であつて、文部科学大臣及び厚生労働大臣の指定した学校又は都道府県知事の指定した養成施設において六月以上介護福祉士として必要な知識及び技能を修得したもの

六　前各号に掲げる者と同等以上の知識及び技能を有すると認められる者であつて、厚生労働省令で定めるもの

3　第六条、第八条及び第九条の規定は、介護福祉士試験について準用する。

社会福祉士及び介護福祉士法施行規則（介護福祉士試験の受験資格）

第二十一条　法第四十条第二項第六号の厚生労働省令で定めるものは、次のとおりとする。

一　学校教育法による高等学校又は中等教育学校であつて文部科学大臣及び厚生労働大臣の指定したものにおいて、社会福祉士介護福祉士学校指定規則（平成二十年／文部科学省／厚生労働省／令第二号）別表第五に定める高等学校等に係る教科目及び単位数を修めて、同法第九十条第二項の規定により大学への入学を認められた者

二　インドネシア人介護福祉士候補者（経済上の連携に関する日本国とインドネシア共和国との間の協定附属書十第一編第六節2の規定に基づき、入国及び一時的な滞在が許可されたインドネシア人をいう。）、フィリピン人介護福祉士候補者（経済上の連携に関する日本国とフィリピン共和国との間の協定附属書八第一部第六節1（b）の規定に基づき、入国及び一時的な滞在が許可されたフィリピン人をいう。）又はベトナム人介護福祉士候補者（平成二十四年四月十八日にベトナム社会主義共和国政府との間で交換が完了した看護師及び介護福祉士の入国及び一時的な滞在に関する書簡1（b）の規定に基づき、入国及び一時的な滞在が許可されたベトナム人をいう。）であつて、三年以上介護等（法第二条第二項に規定する介護等をいう。次条第四項及び第二十三条第二項において同じ。）の業務に従事した者

三　三年以上介護等の業務に従事した者であつて、次に掲げる課程のいずれかを修了した後、法第四十条第二項第五号に規定する学校又は養成施設において一月以上介護福祉士として必要な知識及び技能を修得したもの

　　イ　法附則第四条第二項に規定する喀痰かくたん吸引等研修（別表第三第一号の基本研修及び同表第二号の実地研修を除く。）の課程

　　ロ　介護保険法施行規則（平成十一年厚生省令第三十六号）第二十二条の二十三に規定する介護職員初任者研修課程

　　ハ　介護保険法施行規則の一部を改正する省令（平成十八年厚生労働省令第百六号）附則第二条の規定による廃止前の訪問介護員に関する省令（ニ及びホにおいて「旧訪問介護員省令」という。）第一条に規定する一級課程

　　ニ　旧訪問介護員省令第一条に規定する二級課程

　　ホ　旧訪問介護員省令第一条に規定する三級課程

　　ヘ　介護保険法施行規則の一部を改正する省令（平成二十四年厚生労働省令第二十五号）による改正前の介護保険法施行規則第二十二条の二十三第一項に規定する介護職員基礎研修課程

　　ト　イからヘまでに掲げる課程に準ずる課程として厚生労働大臣が認める課程

（2）留学生が在留資格「介護」への在留資格変更許可申請を行う場合の留意事項

　在留資格「介護」の在留資格変更許可を受けるためには、介護福祉士登録証の写しを提出する必要がありますところ、卒業年度の翌年度の4月1日の時点において、介護福祉士登録証が交付されない場合があっても、在留資格「特定活動（内定者）」の在留資格変更許可を受け、これに併せて資格外活動許可を受けることにより、4月1日時点において就労が可能となります。

①　「留学」から「特定活動（内定者）」への在留資格変更許可申請について

（1）申請方法

　　　介護施設から内定を得ている留学生が、（2）の資料をそろえ、自身の住居地を管轄する地方出入国在留管理官署等に、在留資格変更許可申請を行ってください。

　　　なお、介護福祉士養成施設の卒業見込み証明書をもって、養成施設の卒業前に、在留資格「特定活動（内定者）」への在留資格変更許可申請をすることも可能です。

（2）必要書類

　ア　在留資格変更許可申請書　　1通

　　※　地方出入国在留管理官署等に申請書が用意されています。

　　　　また、法務省のホームページからも取得することができます。

　　※　在留資格変更許可申請と同時に資格外活動許可申請をすることも可能です。その場合、資格外活動許可申請書も併せて提出してください。

　イ　写真（縦4cm×横3cm）　1葉

　　※　申請前3か月以内に正面から撮影された無帽、無背景で鮮明なもの

　　※　写真の裏面に氏名を記載し、在留資格変更許可申請書の写真欄に貼付してください（資格外活動許可申請書に写真は不要です。）。

　ウ　パスポート及び在留カード　　提示

　エ　介護福祉士養成施設の卒業証明書

　　※　卒業後、卒業証明書を提出することを条件に、卒業見込み証明書をもって申請することも可能です。

　オ　労働条件を明示する文書

　カ　内定した介護施設からの採用内定の事実及び内定日を確認できる資料

　キ　内定した介護施設のパンフレット・案内書

　　※　介護施設のパンフレット・案内書等がない場合、介護施設が開設しているホームページの写しでも差し支えありません。

（3）その他

　ア　在留資格変更許可を受けるためには、介護福祉士養成施設の卒業証明書が必要となります。

　イ　許可される場合の在留期間は「4月」となります。

　ウ　資格外活動が許可された場合、1週につき28時間以内の就労が可能です。

②　「特定活動（内定者）」から「介護」への在留資格変更許可申請について

（1）申請方法

　「特定活動（内定者）」の変更許可を受けた留学生が、（2）の資料をそろえ、自身の住居地を管轄する地方出入国在留管理官署等に、在留資格変更許可申請を行ってください。

　なお、「特定活動（内定者）」の在留資格変更許可を受けた後であれば、同日に、在留資格「介護」への在留資格変更許可申請を提出することが可能です。

（2）必要書類

　ア　在留資格変更許可申請書　　1通

　※　地方出入国在留管理官署等に申請書が用意されています。

　　また、法務省のホームページからも取得することができます。

　イ　写真（縦4cm×横3cm）　1葉

　※　申請前3か月以内に正面から撮影された無帽、無背景で鮮明なもの

　※　写真の裏面に氏名を記載し、在留資格変更許可申請書の写真欄に貼付してください（資格外活動許可申請書に写真は不要です。）。

　ウ　パスポート及び在留カード　　提示

　エ　介護福祉士養成施設の卒業証明書

　※　後日写しを提出することを条件に、申請時には提出されなくても差し支えありません。

　オ　介護福祉士登録証（写し）

（3）在留資格「介護」の在留期間更新許可申請に必要な書類

ア　在留資格更新許可申請書　　1通
　※　地方出入国在留管理官署等に申請書が用意されています。
　　　また、法務省のホームページからも取得することができます。
イ　写真（縦4cm×横3cm）　1葉
　※　申請前3か月以内に正面から撮影された無帽、無背景で鮮明なもの
　※　写真の裏面に氏名を記載し、在留資格更新申請書の写真欄に貼付してください。
ウ　パスポート及び在留カード　　提示
エ　住民税の課税（又は非課税）証明書及び納税証明書（1年前の総所得及び納税状況が記載されたもの）　　各1通
　※　1月1日現在お住まいの市区町村の区役所・市役所・役場から発行されます。
　※　1年間の総所得及び納税状況（税金を納めているかどうか）の両方が記載されている証明書であれば、いずれか一方で構いません。
　※　入国後間もない場合や転居等により、お住まいの区役所・市役所・役場から発行されない場合は、最寄りの地方出入国在留管理官署等にお問い合わせください。

第4章

経済連携協定（EPA）における
介護業務従事者の受入れについて

EPAにおける介護業務従事者の受入れについて

　経済連携協定に基づき受け入れられる介護福祉士候補者の調整業務は、公益社団法人国際厚生事業団が担当し、その受入れの枠組は次のとおりです。

①　経済連携協定に基づく受入れの枠組

　候補者の受入れは、看護・介護分野の労働力不足への対応ではなく、二国間の経済活動の連携の強化の観点から、経済連携協定（EPA）に基づき、公的な枠組で特例的に行われるものです。

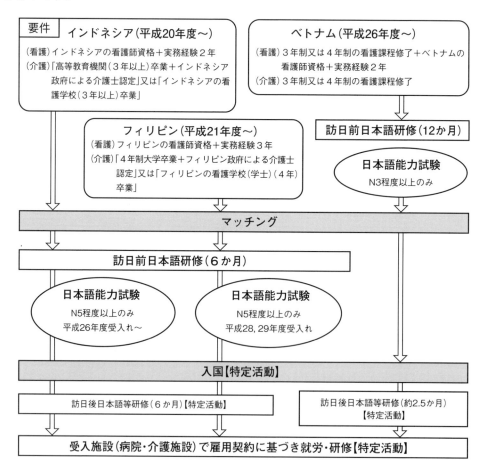

※【　】内は在留資格を示す。
※日本語能力試験N２以上の候補者は太枠の日本語研修が免除。
※フィリピン及びベトナムにおいては上記の他に就学コースがある（フィリピンは平成23年度より、ベトナムは入国当初より受入れ実績なし）。

②　入国以降の流れ

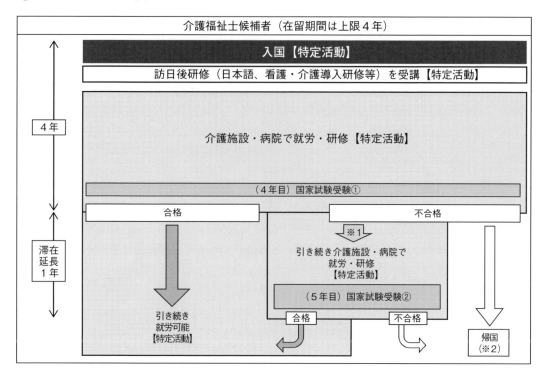

（※1）一定の条件を満たす者は、不合格であっても、協定上の枠組を超えて1年間の滞在
　　　延長が可能。

（※2）帰国後も、在留資格「短期滞在」で再度入国し国家試験を受験することが可能。

注　【　】内は在留資格。

第5章

介護職種関係のQ&A

介護職種関係のQ&A

　技能実習機構が公表している技能実習制度における介護職種に関するQ&Aは次のとおりです。

No.	質問内容	回答
○　**制度に関する事項**		
1-1	介護職種に係る技能実習生の受入れはいつから可能となるのか。	技能実習計画の認定申請、在留資格認定証明書交付申請及び査証申請の審査期間を考慮すると、技能実習計画の認定申請を行ってから、おおむね4か月後から受入れが可能となる。 　技能実習計画の認定申請の受付については、平成29年11月1日から開始している。
1-2	技能実習の目的は、本国への技能等の移転とされているが、介護職種に係る技能実習生の受入れは、この目的に沿うものなのか。日本の介護技術が文化の違う外国で活かされるのか。	技能実習制度は、日本から相手国への技能移転を通じた「人づくり」に協力することが基本理念とされている。日本は他国と比較し、高齢化が急速に進展しており、認知症高齢者の増加等、介護ニーズの高度化、多様化に対応している日本の介護技術を取り入れようとする動きも出てきている。こうした介護技能を他国に移転することは、国際的に意義のあるものであり、制度趣旨にも適うものである。
1-3	技能実習生の本国において、「介護」のニーズは具体的にどれほどあるのか。	「介護」の概念や業務が国によって一様ではないが、高齢化が急速に進展しており、認知症高齢者の増加等、介護ニーズの高度化、多様化に対応している日本の介護技術を海外から取り入れようとする動きも出てきており、具体的には、ベトナム、カンボジア、モンゴルからの要請を受けている。
1-4	外国人介護人材受入れの在り方に関する検討会中間まとめ（平成27年2月4日）では、3年目以降の到達水準として、利用者の心身の状況に応じた介護を「自ら」実践できるレベルとされている。これは、実習実施施設等において、技能実習指導員の指導によらず、技能実習生が自らの判断で業務を実施するということか。	我が国の技能等の移転を図るという技能実習制度の趣旨に照らし、技能実習生は、技能実習指導員の指導のもと、実習を行うこととされている。

No.	質問内容	回答
1-5	障害福祉サービス等報酬における技能実習生の配置基準上の取扱いは、介護報酬上の取扱いと同様か。	ご指摘のとおり、障害福祉サービス等報酬においても、介護報酬上の取扱いと同様、実習開始後6月を経過した者又は日本語能力試験のN2又はN1（平成22年3月31日までに実施された審査にあっては、2級又は1級）に合格している者については、障害福祉関係法令に基づく職員等の配置基準において、職員等とみなす取扱いとしている。
○ 監理団体の許可要件に関する事項		
2-1	介護職種における監理団体の法人形態についての要件を問う。	介護職種に係る固有の基準は告示に規定されており、告示第4条において、介護職種として認められる法人形態が列挙されている。 　具体的には、一般監理事業の許可の有無にかかわらず、商工会議所、商工会、中小企業団体、職業訓練法人、公益社団法人、公益財団法人（商工会議所、商工会、中小企業団体の場合には、その実習監理を受ける介護職種の実習実施者が組合員又は会員である場合に限る。）であり、それ以外の場合は、当該法人の目的に介護、医療又は社会福祉の発展に寄与することが含まれる全国的な団体（その支部を含む。）であって、介護又は医療に従事する事業者により構成されるものである場合は、介護職種の監理団体となることができる法人形態として認められている。
2-2	既に監理団体の許可に係る事前申請を行っているが、介護職種の追加に係る手続きはどのようにすればいいのか。	既に監理団体の許可の事前申請を行っている方が、介護職種の追加をお考えの場合には、「監理団体許可申請の内容変更申出書・監理団体許可条件変更申出書」により介護職種の申請に係る追加書類の提出が必要である。 　なお、許可申請をされた時期によっては、当初申請された内容に基づき許可証を交付した上で、改めて介護職種を含む許可証を交付する場合がある。 　また、監理事業の許可証が交付された後に介護職種を追加される場合も、「監理団体許可申請の内容変更申出書・監理団体許可条件変更申出書」による手続きが必要である。
2-3	告示第4条第2号に規定する「当該法人の目的に介護、医療又は社会福祉の発展に寄与することが含まれる全国的な団体」に該当するか否かについては、どのように判断するのか。	当該要件に該当するか否かについては、定款や団体の構成員、財務諸表等から、法人の目的や事業内容、団体の規模等を考慮して総合的に判断することとしている。具体的には、技能実習法の施行後、業種毎に技能実習の適正な実施等に向けた協議を行うこととされている法定の事業協議会の構成員となることが想定される、「技能実習制度への介護職種の追加に向けた準備会」を構成する団体が該当する。

No.	質問内容	回答
○ 実習実施者の要件に関する事項		
3-1	技能実習指導員の要件について、介護福祉士の資格を有する者と同等以上の専門的知識及び技術を有すると認められる者の一つである「修得等させようとする技能等について5年以上の経験を有することに加え、3年以上介護等の業務に従事し～適格性を認めた者」と規定しているが、結局、どのような経験が何年必要なのか。	「修得等させようとする技能等について5年以上の経験を有することに加え、3年以上介護等の業務に従事し～適格性を認めた者」については、本体制度上求められる「5年」以上の業務経験に加えて、「3年」以上の業務経験を求めるものであり、合計で8年以上介護等の業務に従事した経験が必要という意味である。
3-2	介護職種に係る技能実習は、訪問介護も可能となるのか。	訪問介護などの訪問系サービスについては、適切な指導体制を取ることが困難であることや利用者、技能実習生双方の人権擁護、適切な在留管理の担保が困難であることから、介護職種の技能実習の対象としないこととしている。
3-3	介護事業所の「常勤の職員」の常勤性はどのように定義されるのか。	常勤介護職員の総数については、常勤換算方法により算出するものではなく、他職種と同様、実習実施者に継続的に雇用されている職員（いわゆる正社員をいうが、正社員と同様の就業時間で継続的に勤務している日給月給者を含む。）であって、介護等を主たる業務とする者の数を事業所ごとに算出することになる。また、他職種と同様、技能実習生は人数枠の算定基準となる「常勤の職員」には含まれない。
3-4	人数枠の算定基準となる「介護職員」には、どこまで含まれるのか。	人数枠の算定基準に含まれる介護職員とは、「介護等を主たる業務として行う常勤職員」を指す。このため、例えば、介護施設の事務職員や就労支援を行う職員、看護業務を行う看護師及び准看護師はこれに含まれない。 　一方、医療機関において、看護師や准看護師の指導の下に療養生活上の世話（食事、清潔、排泄、入浴、移動等）等を行う診療報酬上の看護補助者や、当該看護補助者の指導を同一病棟で行っている看護師及び准看護師は、算定基準に含まれる。
3-5	人数枠の算定において、複数の事業所の介護職員を兼務している者はどのように扱うのか。	複数の事業所の介護職員を兼務している者については、一つの特定の事業所において技能実習生の人数枠の算定基準となる常勤介護職員としてカウントされている場合は、それ以外の事業所において常勤介護職員としてカウントすることはできない。

No.	質問内容	回答
3-6	同一の実習実施者において、介護職種とそれ以外の職種の技能実習を同時に行う場合、人数枠はどのようになるのか。	介護職種の人数枠については事業所単位、介護職種以外の職種については法人単位で人数枠を算定することとしている。このため、介護職種における人数枠の算定の際には、技能実習生を受け入れる事業所に所属する技能実習生を除いた常勤介護職員の数のみから人数枠を算定することとなり、それ以外の職種については、法人に所属する技能実習生を除いた常勤職員の数から人数枠を算定することとなる。なお、この場合、技能実習生の受入人数枠には介護の技能実習生も含めてカウントする。
3-7	同一法人であれば、複数の事業所が共同して、順次、複数の事業所で技能実習を実施することも可能か。	介護職種については、他職種とは異なり人数枠を事業所単位で定めており、人数枠の算定基準に複数の事業所の職員をカウントすることは認められないことから、複数の事業所が共同して技能実習を実施することは認められない。 　技能実習期間中に技能実習を行わせる事業所を変更したい場合については、技能実習計画の変更の届出を行う必要がある。 　なお、変更後の事業所が技能実習計画の認定基準を満たしていないことが確認された場合には、当該変更を是正するように指導することとなり、当該指導に従わなかった場合には、計画の認定取消し、改善命令等の対象となる。
3-8	介護分野においては、夜間業務も必須と考えるが、技能実習生を夜間業務に配置することは可能なのか。	告示第２条第５号に「技能実習生に夜勤業務その他少人数の状況の下での業務又は緊急の対応が求められる業務を行わせる場合にあっては、利用者の安全の確保等のために必要な措置を講ずることとしていること。」とあるとおり、当該措置を講じている場合に限り、夜勤業務も可能となる。

No.	質問内容	回答
3-9	「夜勤業務その他少人数の状況下での業務又は緊急時の対応が求められる業務を行わせる場合にあっては、利用者の安全の確保等のために必要な措置」とは、具体的に何か。	夜勤は、昼間と異なり少人数での勤務となるため利用者の安全性に対する配慮が特に必要となるとともに、技能実習生の心身両面への負担が大きいことから、技能実習生を夜勤業務に配置する際には、安全確保措置を講ずることが必要となる。 　具体的には、技能実習生への技能・技術の移転を図るという技能実習制度の趣旨に照らし、技能実習生が業務を行う際には、技能実習生以外の介護職員を指導に必要な範囲で同時に配置することが求められるほか、業界のガイドラインにおいても、指導等に必要な数の技能実習生以外の介護職員（主として技能実習指導員）と技能実習生の複数名で業務を行うこととしている。 　これにより、介護報酬上は一人夜勤が可能とされるサービスについても、技能実習生一人による夜勤は認められないことになる。
3-10	夜勤業務等においては、技能実習生以外の介護職員を「指導に必要な範囲で」同時に配置することが求められているが、「指導に必要な範囲」の具体的内容とはどのようなものか。	技能等の移転を図るという技能実習制度の趣旨や安全確保措置義務の内容として、介護報酬上は一人夜勤が可能とされるサービスについても、技能実習生一人による夜勤は認められないことになる。 　「指導に必要な範囲」とは、この場合に技能実習生と同時に配置することが求められる介護職員について、技能実習生の介護業務の知識・経験、コミュニケーション能力等を総合的に勘案した上で、各事業所の実情に応じ、必要な人数の配置を求めるものである。
3-11	技能実習生は、夜勤専従の勤務形態も認められるのか。認められないとすれば、それをどのように担保するのか。	夜勤専従では日中における介護を含めた適切な技能移転が図られないため、夜勤専従の勤務形態は認められない。
3-12	病院で介護職種の技能実習を行う場合、事業所の確認書類（指定通知書等の写し）は、地方厚生局長からの「保健医療機関指定通知書」でよいのか。	病院を開設する際は都道府県知事の許可を受けることになっているので、病院が技能実習を行う場合は病院の「開設許可書」の写しを提出すること。

No.	質問内容	回答
3-13	病院等を介護医療院に転換した場合、病院等の開設から3年間以上経過していても、介護医療院としての開設から3年経過するまでは、技能実習生の受入れを行うことができないのか。	病院等が介護医療院に転換した場合は、転換前の病院等に関する書面を提出することで、転換後の介護医療院と合わせて過去3年以上介護等の業務を行っていることを証明した場合には、技能実習を行うことができる。 　具体的には、病院または診療所については病院または診療所の開設許可書、介護療養型医療施設については介護療養型医療施設の指定通知書、介護療養型老人保健施設（平成18年7月1日から平成30年3月31日までに医療療養病床又は介護療養病床から転換して指定を受けたものに限る。）については介護老人保健施設の指定通知書を提出すること。 　なお、技能実習を行わせる事業所の概要書（介護様式第8号）における「②施設・事業の類型」欄の種別コードは「33-2」とすること。
3-14	技能実習生を受け入れている病院、診療所、介護療養型医療施設、介護療養型老人保健施設（以下「病院等」という。）から介護医療院に転換した場合、既に行われている実習を継続するには、技能実習計画の変更や再申請等の手続が必要となるのか。	介護職種の技能実習は、事業所ごとに受入人数枠を定め、実習を行うこととしていますが、実習先を病院等として技能実習計画の認定を受けた後に、その一部又は全部を介護医療院へ転換した場合においては、軽微変更届出書の提出が必要となる。 　なお、届出に当たっては、訂正後の、実習実施予定表（省令様式第1号第4～6面）及び技能実習を行わせる事業所の概要書（介護様式第8号）を添付すること（新規申請時に提出した当該書面の写しを赤字で訂正したものを添付することとしても差し支えない。）。技能実習を行わせる事業所の概要書（介護様式第8号）における「②施設・事業の類型」欄の種別コードは「33-2」とすること。
3-15	技能実習を行わせる事業所について、「開設後3年を経過していること」が必要であるが、当該要件についてどのような事業所が対象となるのか。	別記様式第1号第2面の「8技能実習の期間及び時間数」に記載されている技能実習の開始日が、指定通知書等（指定通知書、指定更新通知書、診療所開設許可書）に記載されている指定年月日や許可年月日から3年以上経過している日であれば、当該要件の対象となる。 　ただし、吸収合併等により、上記の要件を満たさない場合であっても、事業所の実態が変わらない場合もあることから、このような場合には、法人の登記事項証明書等により合併の事実を証明することに加え、合併前の事業所の指定通知書等を提出することで、合併前と合併後の期間を合わせて、当該事業所が開設後3年以上経過していることの要件を満たしているかを判断することとなる。

No.	質問内容	回答
3-16	介護職種の技能実習生の人数枠は、事業所単位で算定することとしており、介護施設における事業所の考え方は、自治体からの介護保険サービス事業所の指定を単位としているが、特別養護老人ホームにおいて、ユニット型と従来型のサービス指定を受けている場合、種別コードの記載、事業所開設後３年要件、事業所ごとの受入人数枠の取扱いはそれぞれどうなるのか。	介護の技能実習は、事業所単位で行うこととし、「施設種別コード表」（介護参考様式第8号別紙）により、別の種別となれば、別の事業所として扱うこととしている。特別養護老人ホームが、従来型及びユニット型の指定を受けている場合は、いずれも種別コードは同一（28）であることから、同一の事業所として扱う。また、このような場合においては、従来型とユニット型いずれかが開設後3年経過しているのであれば、事業所として3年後要件を満たしているものとして差し支えない。 　なお、この場合の事業所ごとの受入人数の上限については、従来型とユニット型それぞれの事業所の常勤介護職員数を合算した数に基づいて算出する。
3-17	技能実習生に対し、必須業務である食事の介助の一環または関連業務として服薬の介助を行わせることは可能であるか。	技能実習制度は「本国への技能移転」という制度趣旨に基づき、移転の対象となる技能実習生が行う業務範囲を、必須業務、関連業務及び周辺業務として規定している。介護職種の必須業務については、どの実習実施者においても実施される身体介護業務を位置付けており、関連業務及び周辺業務については、身体介護以外の支援等、必須業務に関連する技能の修得に係る業務等を位置付けている。 　この点、服薬の介助については、技能実習制度への介護職種の追加に当たり、有識者から構成される「外国人介護人材受入れの在り方に関する検討会」における議論も踏まえ、現在、必須業務はもちろん、関連業務及び周辺業務にも位置付けることはできないこととなっている。

No.	質問内容	回答
○	**技能実習生の要件に関する事項**	
4-1	告示で示された日本語能力の基準は、日本で介護業務を行うに足りるレベルなのか。 　告示で示された日本語能力の基準は、厳し過ぎないか。	介護分野の技能実習制度における日本語要件については、「外国人介護人材受入れの在り方に関する検討会中間まとめ」（平成27年２月４日）（以下「中間まとめ」という。）において、「段階を経て技能を修得するという制度の趣旨から期待される業務内容や到達水準との関係を踏まえ、１年目（入国時）は、基本的な日本語を理解することができる水準である「Ｎ４」程度を要件として課し、実習２年目（２号）については、「Ｎ３」程度を要件とする」とされたことに基づくものである。
4-2	日本語能力試験の受験費用は誰が負担するのか。	当該費用の負担者については、監理団体又は実習実施者を想定している。
4-3	「本国に帰国後、本邦において修得等をした技能等を要する業務に従事することが予定されていること。」とは、就職先が決まっているということか。どの程度までを「予定されている」というのか。	技能実習開始前に所属していた勤務先等に復職することが予定されていること（新たな就職先への内定を含む）、又は、これが予定されない場合にあっては、帰国後に技能実習生が修得等した技能等を適切に活用できるよう、取次送出機関が就職先のあっせんその他の必要な支援を行うこととされていることが求められる。
4-4	技能実習計画の認定基準の一つとして定められている前職要件について、「団体監理型技能実習に係るものである場合にあっては、本邦において従事しようとする業務と同種の業務に外国において従事した経験を有すること又は団体監理型技能実習に従事することを必要とする特別な事情があること」が求められているが，この「特別な事情」とは何か。	技能実習生が従事する予定の業務と同種の業務に外国（本国等）において従事した経験を有しない場合について、特別な事情があることを求めるものであり、特別な事情としては以下①から③までの場合が該当する。 　①実習実施者又は監理団体と送出国との間の技術協力上特に必要があると認められる場合 　②教育機関において同種の業務に関連する教育課程を修了している場合（修了見込みの場合も含む。） 　③技能実習生が技能実習を行う必要性を具体的に説明でき、かつ、技能実習を行うために必要な最低限の訓練を受けている場合 　※詳細については、技能実習制度運用要領を参照。

No.	質問内容	回答
4-5	介護職種の前職要件について、具体的にどのような課程であれば、「同種の業務に関連する教育課程」として認められるのか。	「同種の業務に関連する教育課程」としては、高齢者・障害者の介護に関する教育課程のほか、看護師を養成する課程が認められる。 　これらに該当しない場合であっても、 ・身体のしくみやコミュニケーション技術に関する科目が含まれていること ・対人ケアの技術に関する科目が含まれていること ・介護施設や病院等における実習・演習が含まれていること を満たす課程であれば、「同種の業務に関連する教育課程」として認められます。
4-6	過去にEPA介護福祉士候補者として介護業務に従事していたが、介護福祉士国家試験に合格しなかった者について、介護職種の技能実習生となることは認められるのか。	過去にEPA介護福祉士候補者として介護業務に従事していた者についても、介護職種の技能実習生となることは認められる。 　ただし、EPA介護福祉士候補者としての滞在の満了後、本国に1ヶ月以上帰国することを要件としている。
4-7	第2号技能実習について日本語要件を満たしていない場合に、技能実習生が日本語能力試験N3等の取得に向けて事業所のもとで行う日本語学習は、勤務時間に含まれるのか。	日本語学習プラン（介護参考様式第13号）に基づき行う日本語学習は、勤務時間に含まれ、賃金支払義務が発生する。
4-8	第2号技能実習について日本語要件を満たしていない場合に、技能実習生が日本語能力試験N3等の取得に向けて事業所もとで行う日本語学習は、勤務時間に含まれるのか。	日本語学習プラン（介護参考様式第13号）に基づき行う日本語学習は、勤務時間に含まれ、賃金支払義務が発生します。

No.	質問内容	回答
○ 入国後講習に関する事項		
5-1	介護職種の入国後講習における日本語講師の要件について、「日本語教育に関する研修で適当と認められるもの（420単位時間（１単位時間は45分以上とする。）以上の課程を有するものに限る。）」とは具体的にどのような講習か。	介護職種の入国後講習における日本語講師の要件については、「日本語教育機関の告示基準」（法務省入国管理局平成28年７月22日策定）、「日本語教育機関の告示基準解釈指針」に示されている在留資格「留学」による留学先として認められる日本語教育機関の教員の要件を基にしており、内容の詳細については、下記の文化庁ＨＰを確認のこと。 （http://www.bunka.go.jp/seisaku/kokugo_nihongo/kyoiku/kyoin_kenshu/） また、「日本語教育に関する研修で適当と認められるもの（420単位時間（１単位時間は45分以上とする。）以上の課程を有するものに限る。）」については、以下に一覧が記載されている。 （http://www.bunka.go.jp/seisaku/kokugo_nihongo/kyoiku/kyoin_kenshu/pdf/kyoin_kenshu_list.pdf）
5-2	日本語能力試験Ｎ３以上を取得した技能実習生について告示第1条第２号ロの規定により日本語科目の時間数を短縮した場合、短縮した時間数を活用して行う講義を担当する講師について、告示で定められている講師要件は適用されるのか。	Ｎ３以上を取得している技能実習生について告示第１条第２号ロの規定により日本語科目の時間数を160時間分短縮した場合、短縮した時間数を活用して行う講義については、それが日本語や介護に関連するものであっても、告示第１条第２号ハ・ホに規定する講師要件は適用されないことになっている。この場合、「短縮した時間数を活用して行う講義」については、「本邦での生活一般に関する知識」に関する科目として考えること。
5-3	外国人技能実習機構ＨＰに介護職種のモデル例が掲載されているが、「別紙」を添付する必要があるのか。	介護職種の技能実習計画については、技能移転の対象項目ごとに詳細な計画を作成することを求めることとしているため、モデル例の別紙も作成の上、添付する必要がある。
5-4	介護参考様式第2号・3号の署名欄を「申請者の氏名又は名称」と表記していることから、実習実施者が署名するものと理解されるが、団体監理型技能実習における入国後講習は監理団体において行うことが定められている。そのため、当該様式の署名は実習実施者、監理団体のいずれが行うべきか。	団体監理型技能実習における入国後講習及び入国前講習の主体は「監理団体」であることから、介護参考様式第2号・3号の署名欄「申請者の氏名又は名称」の箇所に「監理団体の名称」を記載しても差し支えない。

第6章
外国人の技能実習生の保護に関する法律の概要から特定技能外国人の受入れに関する運用要領

1 外国人の技能実習の適正な実施及び技能実習生の保護に関する法律の概要

（1）技能実習制度の適正化

① 技能実習の基本理念及び関係者の責務規定を定めるとともに、技能実習に関し基本方針を策定 【法第３条から第７条まで関係】

② 技能実習生ごとに作成する技能実習計画について認定制とし、技能実習生の技能等の修得に係る評価を行うことなどの認定の基準や認定の欠格事由のほか、報告徴収、改善命令、認定の取消し等を規定 【法第８条から第16条まで関係】

③ 実習実施者について、届出制 【法第17条及び第18条関係】

④ 監理団体について、許可制とし、許可の基準や許可の欠格事由のほか、遵守事項、報告徴収、改善命令、許可の取消し等を規定 【法第23条から第45条まで関係】

⑤ 技能実習生に対する人権侵害行為等について、禁止規定を設け違反に対する所要の罰則を規定するとともに、技能実習生に対する相談や情報提供、技能実習生の転籍の連絡調整等を行うことにより、技能実習生の保護等に関する措置を執る。【法第46条から第51条まで関係】

⑥ 事業所管大臣等に対する協力要請等を規定するとともに、地域ごとに関係行政機関等による地域協議会を設置 【法第53条から第56条まで関係】

⑦ 外国人技能実習機構を認可法人として新設し、技能実習計画の認定、実習実施者・監理団体に報告を求め実地に検査、実習実施者の届出の受理、監理団体の許可に関する調査等を行わせるほか、技能実習生に対する相談・援助等を行うこと 【法第87条関係】

（2）技能実習制度の拡充

優良な実習実施者・監理団体に限定して、第３号技能実習生の受入れ（４〜５年目の技能実習の実施）を可能とした 【法第２条，法第９条，法第23条及び第25条関係】

2　技能実習計画の認定基準

　技能実習を行わせようとする者は、技能実習生ごとに技能実習計画を作成し、認定を受けることができるとされており、当該技能実習計画の適切性の担保のため、認定基準が設けられています。(法第9条)

（1）　修得等をさせる技能が技能実習生の本国において修得等が困難な技能等であること
（2）　技能実習の目標
　　（1号の目標）技能検定基礎級又はこれに相当する技能実習評価試験の実技試験及び学科試験への合格など
　　（2号の目標）技能検定3級又はこれに相当する技能実習評価試験の実技試験への合格
　　（3号の目標）技能検定2級又はこれに相当する技能実習評価試験の実技試験への合格
（3）　技能実習の内容（※）
　・同一の作業の反復のみによって修得できるものではないこと
　・2号・3号については移行対象職種・作業に係るものであること
　・技能実習を行う事業所で通常行う業務であること
　・移行対象職種・作業については、業務に従事させる時間全体の2分の1以上を必須業務とし、関連業務は時間全体の2分の1以下、周辺業務は時間全体の3分の1以下とすること
　・技能実習生は本邦において従事しようとする業務と同種の業務に外国において従事した経験等を有し、又は技能実習を必要とする特別の事情があること（団体監理型のみ。）
　・帰国後に本邦において修得等をした技能等を要する業務に従事することが予定されていること
　・3号技能実習生の場合は、2号終了後に原則として1か月以上帰国していること
　・技能実習生や家族等が、保証金の徴収や違約金の定めをされていないこと（技能実習生自身が作成する書面によって明らかにさせる。）
　・1号技能実習生に対しては、日本語・出入国や労働関係法令等の科目による入国後講習が行われること
　・複数職種の場合は、いずれも2号移行対象職種であること、相互に関連性があること、合わせて行う合理性があること
（4）　実習を実施する期間（1号は1年以内、2号・3号は2年以内であること）

（5） 前段階における技能実習（2号は1号、3号は2号）の際に定めた目標が達成されていること

（6） 技能等の適正な評価の実施（技能検定、技能実習評価試験等による評価を行うこと）

（7） 適切な体制・事業所の設備、責任者の選任（※）

・各事業所ごとに下記を選任していること

「技能実習責任者」（技能実習の実施に関する責任者）：技能実習に関与する職員を監督することができる立場にあり、かつ、過去3年以内に技能実習責任者に対する講習を修了した常勤の役職員

「技能実習指導員」（技能実習生への指導を担当）：修得させる技能について5年以上の経験を有する常勤の役職員

「生活指導員」（実習生の生活指導を担当）：常勤の役職員

・申請者が過去5年以内に人権侵害行為や偽造・変造された文書の使用を行っていないこと

・技能の修得等に必要な機械、器具その他の設備を備えていること

（8） 許可を受けている監理団体による実習監理を受けること〈団体監理型技能実習の場合〉

（9） 日本人との同等報酬等、技能実習生に対する適切な待遇の確保

・報酬の額が日本人と同等以上であること

・適切な宿泊施設の確保、入国後講習に専念するための措置等が図られていること

・食費、居住費等名目のいかんを問わず実習生が定期に負担する費用について、実習生との間で適正な額で合意がなされていること

（10） 優良要件への適合〈技能実習3号の場合〉

（11） 技能実習生の受入れ人数の上限を超えないこと

※（3）（7）（9）（11）に関しては、事業所管大臣が告示で要件を定めた場合には、その事業に該当する職種の実習実施者又は監理団体は当該要件の基準を満たす必要があります。

3　監理団体の許可基準

　監理事業を行おうとする者は、主務大臣の許可を受けなければならないこととされており、当該許可に当たっては、許可基準が設けられ、当該許可基準に適合しなければ許可を受けることはできない（法第23条及び第25条）こととなっています。

（1）監理団体の主な許可基準

①　営利を目的としない法人であること（※）

　　商工会議所・商工会、中小企業団体、職業訓練法人、農業協同組合、漁業協同組合、公益社団法人、公益財団法人等

②　監理団体の業務の実施の基準（下記Ⅰ〜Ⅳが代表例）に従って事業を適正に行うに足りる能力を有すること

Ⅰ　実習実施者に対する定期監査（3か月に1回以上、監査は以下の方法によることが必要）

　ア　技能実習の実施状況の実地確認

　イ　技能実習責任者及び技能実習指導員から報告を受けること

　ウ　在籍技能実習生の4分の1以上との面談

　エ　実習実施者の事業所における設備の確認及び帳簿書類等の閲覧

　オ　技能実習生の宿泊施設等の生活環境の確認

Ⅱ　1号技能実習生に対する入国後講習の実施

Ⅲ　技能実習計画の作成指導

　・指導に当たり、技能実習を実施する事業所及び技能実習生の宿泊施設を確認

　・適切かつ効果的に実習生に技能等を修得させる観点からの指導は、技能等に一定の経験等を有する者が担当

Ⅳ　技能実習生からの相談対応（技能実習生からの相談に適切に応じ、助言・指導その他の必要な措置を実施）

③　監理事業を健全に遂行するに足りる財産的基礎を有すること

④　個人情報の適正な管理のため必要な措置を講じていること

⑤　外部役員又は外部監査の措置を実施していること

⑥　基準を満たす外国の送出機関と、技能実習生の取次ぎに係る契約を締結していること

⑦　優良要件への適合〈技能実習３号の実習監理を行う場合〉

⑧　①～⑦のほか、監理事業を適正に遂行する能力を保持していること

　　下記を満たさない場合は、監理事業を適正に遂行する能力があるとは判断されません。

　　・監理費は、適正な種類及び額の監理費をあらかじめ用途及び金額を明示した上で徴収
　　　（法第28条）

　　・自己の名義をもって、他人に監理事業を行わせていないこと（法第38条）

　　・適切な監理責任者が事業所ごとに選任されていること（法第40条）

　　※監理責任者は事業所に所属し、監理責任者の業務を適正に遂行する能力を有する常
　　　勤の者であること

　　　過去３年以内に監理責任者に対する講習を修了した者がいること

　　※①②に関しては、事業所管大臣が告示で要件を定めた場合には、その事業に該当す
　　　る職種の監理団体は、当該要件を満たす必要があります。

（２）外部役員及び外部監査の措置

　監理事業を行おうとする者は、外部役員を置いていること又は外部監査の措置を講じて
いること（法第25条第１項第５号）

　①　外部役員を置く方法

　　　外部役員は、実習実施者に対する監査等の業務が適正に実施されているかの確認
　　を、法人内部において担当

　Ⅰ　外部役員は、過去３年以内に指定された講習を受講した者であること

　Ⅱ　外部役員は、下記に該当する者でないこと

　　①実習監理を行う対象の実習実施者又はその現役若しくは過去５年以内の役職員

　　②過去５年以内に実習監理を行った実習実施者の現役又は過去５年以内の役職員

　　③①②の者の配偶者又は二親等以内の親族

　　④申請者（監理団体）の現役又は過去５年以内の役職員

　　⑤申請者（監理団体）の構成員（申請者が実習監理する団体監理型技能実習の職種に
　　　係る事業を営む構成員に限る。）又はその現役又は過去５年以内の役職員

　　⑥傘下以外の実習実施者又はその役職員

　　⑦他の監理団体の役職員

　　⑧申請者（監理団体）に取次ぎを行う外国の送出機関の現役又は過去５年以内の役職
　　　員

⑨過去に技能実習に関して不正等を行った者など、外部役員による確認の公正が害されるおそれがあると認められる者

※④⑦について、監理事業に係る業務の適正な執行の指導監督に関する専門的な知識と経験を有する役員（専門的な知識の経験に基づき現に監理事業に従事している員外役員）及び指定外部役員に指定されている役員は外部役員として認められる。

Ⅲ　外部役員は、監理団体の各事業所について監査等の業務の遂行状況を3か月に1回以上確認。その結果を記載した書類を作成

② 外部監査人を置く方法（外部監査の措置）

外部監査人（法人も可）は、実習実施者に対する監査等の業務が適正に実施されているかの監査を、法人外部から実施

Ⅰ　外部監査人は、過去3年以内に指定された講習を受講した者であること

Ⅱ　外部監査人は、上記の①から⑨までに相当する者及び法人であって監理団体の許可の欠格事由に該当する者、個人であって監理団体の許可に係る役員関係の欠格事由に該当する者でないこと

Ⅲ　外部監査人は、監理団体の各事業所について監査等の業務の遂行状況を3か月に1回以上確認。その結果を記載した書類を作成

Ⅳ　外部監査人は、監理団体が行う実習実施者への監査に、監理団体の各事業所につき1年に1回以上同行して確認。その結果を記載した書類を作成

（3）外国の送出機関

① 外国の送出機関とは(法第23条第2項)

団体監理型技能実習生になろうとする者からの団体監理型技能実習に係る求職の申込みを適切に日本の監理団体に取り次ぐことができる者として、主務省令で定める要件に適合するものをいいます。

② 外国の送出機関の要件

ア　所在する国の公的機関から技能実習の申込みを適切に日本の監理団体に取り次ぐことができるものとして推薦を受けていること

イ　制度の趣旨を理解して技能実習を行おうとする者のみを適切に選定して、日本への送出しを行うこと

ウ　技能実習生等から徴収する手数料その他の費用について、算出基準を明確に定めて公表するとともに、当該費用について技能実習生等に対して明示し、十分に理解をさせること

エ　技能実習を修了して帰国した者が、修得した技能を適切に活用できるよう、就職

先のあっせんその他の必要な支援を行うこと

オ　フォローアップ調査への協力等、法務大臣、厚生労働大臣、外国人技能実習機構からの要請に応じること

カ　当該機関又はその役員が、日本又は所在する国の法令に違反して、禁錮以上の刑又はこれに相当する外国の法令による刑に処せられ、刑の執行の終了等から5年を経過しない者でないこと

キ　所在する国又は地域の法令に従って事業を行うこと

ク　保証金の徴収その他名目のいかんを問わず、技能実習生の日本への送出しに関連して、技能実習生又はその家族等の金銭又はその他の財産を管理しないこと

ケ　技能実習に係る契約不履行について、違約金を定める契約や不当に金銭その他の財産の移転をする契約を締結しないこと

コ　技能実習生又はその家族等に対して、ク・ケの行為が行われていないことを技能実習生から確認すること

サ　過去5年以内に偽造・変造された文書の使用などの行為を行っていないこと

シ　その他、技能実習の申込みを適切に日本の監理団体に取り次ぐために必要な能力を有すること

③　2国間取決めを作成した国

　送出し国の政府が、上記ア～シの確認を行い、適切な送出機関を認定します。

4　技能実習生に対する保護方策

（1）相談・支援体制の整備

母国語による通報・相談窓口の整備等

○　新制度では、電話のほか、メールの対応も予定。

※中国語、ベトナム語、インドネシア語、タガログ語（フィリピン語）、英語に加え、新たにタイ語への対応も予定。

実習先変更支援体制の構築

○　実習実施者や監理団体に実習継続が困難な場合の届出義務（19条、33条）及び実習継続に関する対応義務（51条）を法律に規定

○　機構が、実習生からの相談に対応し、保有情報を活用しながら、転籍先の調整も含む支援を実施

実習生への一時宿泊先の提供

○　実習生が、監理団体又は実習実施者が確保する宿泊施設に宿泊することができない場合に、機構が一時宿泊先を提供

○　新たな実習先の確保等の支援も実施

実習生への技能検定等の受検手続支援

○　機構が、監理団体からの申請に基づき、試験実施機関との調整による受検日程等の決定や、合否結果の迅速な把握等の支援を実施

（注）19条とは法19条をいいます（以下同じです。）

（2）罰則の整備

罰則	監理団体	実習実施者
1年以上10年以下の懲役又は20万円以上300円以下の罰金	①暴行, 脅迫, 監禁の他精神又は身体の自由を不当に拘束する手段によって技能実習を強制する行為(46条)	労働基準法に同様の規定あり(5条)
6月以下の懲役又は30万円以下の罰金	②違約金等を定める行為(47条1項) ③貯蓄金を管理する契約を締結する行為(47条2項)	労働基準法に同様の規定あり(16・18条1項)
	④旅券等を保管する行為(48条1項) ⑤私生活の自由を不当に制限する行為(48条2項) ⑥法違反事実を主務大臣」に申告したことを理由とする技能実習生に対する不利益取扱い(49条2項)	

※④については, 実習生の意思に反して行った場合を処罰。
※⑤については, 解雇その他の労働関係上の不利益等を示して技能実習時間の外出制限等を告知した場合を処罰。

5 特定の職種及び作業に係る技能実習制度運用要領—介護職種の基準について—

平成 29 年9月
法務省・厚生労働省 編

（制定履歴）
平成 29 年9月 29 日公表
平成 29 年 11 月1日一部改正
平成 31 年3月 29 日一部改正
令和2年 11 月 24 日一部改正
令和2年 12 月 18 日一部改正
令和2年 12 月 25 日一部改正

○ 外国人の技能実習の適正な実施及び技能実習生の保護に関する法律（平成28年法律第89号。以下「法」という。）及び外国人の技能実習の適正な実施及び技能実習生の保護に関する法律施行規則（平成28年法務省・厚生労働省令第3号。以下「規則」という。）は、主務大臣が制度全体の適正化を図ることに加え、個別の職種分野について、当該職種に係る知見を有する事業所管省庁が一定の関与を行い、適正化を図ることができる制度となっており、主務大臣と事業所管大臣は協議の上、当該特定の職種及び作業に特有の事情を踏まえた告示を制定することが可能となっています。

○ 介護職種における技能実習については、介護職種について外国人の技能実習の適正な実施及び技能実習生の保護に関する法律施行規則に規定する特定の職種及び作業に特有の事情に鑑みて事業所管大臣が定める基準等（平成 29 年厚生労働省告示第 320 号。以下「告示」という。）において、固有の基準が定められています。また、「介護職種について外国人の技能実習の適正な実施及び技能実習生の保護に関する法律施行規則に規定する特定の職種及び作業に特有の事情に鑑みて事業所管大臣が定める基準等」について（平成 29 年 9 月 29 日社援発 0929 第 4号・老発 0929 第2号。以下「解釈通知」という。）において、告示の解釈等が示されています。

○ 各基準の詳細は以下のとおりです。

第1 技能実習の内容に関するもの

【関係規定】

（技能実習の目標及び内容の基準）

規則第10条

2　法第九条第二号（法第十一条第二項において準用する場合を含む。）の主務省令で定める
基準のうち技能実習の内容に係るものは、次のとおりとする。

　　一・二　（略）

　　三・四　（後述）

　　五・六　（略）

　　七　（後述）

　　八　前各号に掲げるもののほか、法務大臣及び厚生労働大臣が告示で定める特定の職種及
　　　び作業に係るものにあっては、当該特定の職種及び作業に係る事業所管大臣（法第五十
　　　三条に規定する事業所管大臣をいう。以下同じ。）が、法務大臣及び厚生労働大臣と協議
　　　の上、当該職種及び作業に特有の事情に鑑みて告示で定める基準に適合すること。

告示第1条　介護職種に係る外国人の技能実習の適正な実施及び技能実習生の保護に関す
　る法律施行規則（以下「規則」という。）第十条第二項第八号に規定する告示で定める基準
　は、次のとおりとする。

　　一～三　（後述）

（1）技能実習生の基準に関するもの

【関係規定】

規則第10条

2

　　三　技能実習生が次のいずれにも該当する者であること。

　　　イ　十八歳以上であること。

　　　ロ　制度の趣旨を理解して技能実習を行おうとする者であること。

　　　ハ　本国に帰国後本邦において修得等をした技能等を要する業務に従事することが予定
　　　　されていること。

　　　ニ　企業単独型技能実習に係るものである場合にあっては、申請者の外国にある事業所
　　　　又は第二条の外国の公私の機関の外国にある事業所の常勤の職員であり、かつ、当該
　　　　事業所から転勤し、又は出向する者であること。

　　　ホ　団体監理型技能実習に係るものである場合にあっては、本邦において従事しようとす
　　　　る業務と同種の業務に外国において従事した経験を有すること又は団体監理型技能実
　　　　習に従事することを必要とする特別な事情があること。

　　　ヘ　団体監理型技能実習に係るものである場合にあっては、当該者が国籍又は住所を有
　　　　する国又は地域（出入国管理及び難民認定法（昭和二十六年政令第三百五十九号。以
　　　　下「入管法」という。）第二条第五号ロに規定する地域をいう。以下同じ。）の公的機関

（政府機関、地方政府機関又はこれらに準ずる機関をいう。以下同じ。）から推薦を受け
て技能実習を行おうとする者であること。

ト　第三号技能実習に係るものである場合にあっては、第二号技能実習の終了後本国に
一月以上帰国してから第三号技能実習を開始するものであること。

チ　同じ技能実習の段階（第一号技能実習、第二号技能実習又は第三号技能実習の段
階をいう。）に係る技能実習を過去に行ったことがないこと（やむを得ない事情がある場
合を除く。）。

告示第1条

一　技能実習生が次のイ又はロに掲げる技能実習の区分に応じ、それぞれイ又はロに掲げる
要件を満たす者であること。

イ　第一号技能実習　日本語能力試験（独立行政法人国際交流基金及び公益財団法人
日本国際教育支援協会（昭和三十二年三月一日に財団法人日本国際教育協会とし
て設立された法人をいう。）が実施する日本語能力試験をいう。ロにおいて同じ。）のN4
に合格している者その他これと同等以上の能力を有すると認められる者

ロ　第二号技能実習及び第三号技能実習　日本語能力試験のN3に合格している者その
他これと同等以上の能力を有すると認められる者

附則

　第二号技能実習について、技能実習生が次の要件を満たす場合には、当分の間、当該技能
実習生は第一条第一号ロに掲げる要件を満たすものとみなす。

一　介護の技能、技術又は知識（次号において「技能等」という。）の適切な習熟のために、日
本語を継続的に学ぶ意思を表明していること。

二　技能実習を行わせる事業所のもとに、介護の技能等の適切な習熟のために必要な日本
語を学ぶこと。

解釈通知

第一　技能実習計画の認定の基準

一　技能実習の内容の基準

1　技能実習生について

（2）日本語能力要件（告示第1条第1号）

①　告示第1条第1号イに規定する「その他これと同等以上の能力を有すると認
められる者」とは、次に掲げる者であること。

・　日本語能力試験（独立行政法人国際交流基金及び公益財団法人日本国
際教育支援協会が実施する日本語能力試験をいう。以下同じ。）のN3、N2
又はN1に合格している者

・　平成22年3月31日までに実施された日本語能力試験において、3級、2
級又は1級に合格している者

・　J. TEST実用日本語検定（株式会社語文研究社が実施するJ. TEST実

用日本語検定をいう。以下同じ。）のD−Eレベル試験において 350 点以上
取得している者又はA−Cレベル試験において 600 点以上取得している者

・ 平成 31 年3月 31 日までに実施されたJ. TEST実用日本語検定のE−Fレ
ベル試験において 350 点以上取得している者又はA−Dレベル試験におい
て 400 点以上取得している者

・ 日本語NAT−TEST（株式会社専門教育出版が実施する日本語NAT−
TESTをいう。以下同じ。）の4級、3級、2級又は1級に合格している者

　なお、上記に掲げる者と同等以上の能力を有すると外国の政府及び関係機
関が認める者等についても、追加することがあるものであること。

② 告示第1条第1号ロに規定する「その他これと同等以上の能力を有すると認め
られる者」とは、次に掲げる者であること。

・ 日本語能力試験のN2又はN1に合格している者

・ 平成 22 年3月 31 日までに実施された日本語能力試験において、2級又
は1級に合格している者

・ J. TEST実用日本語検定のD−Eレベル試験において 500 点以上取得し
ている者又はA−Cレベル試験において 600 点以上取得している者

・ 平成 31 年3月 31 日までに実施されたJ. TEST実用日本語検定のA−D
レベル試験において 400 点以上取得している者

・ 日本語NAT−TESTの3級、2級又は1級に合格している者

　なお、上記に掲げる者と同等以上の能力を有すると外国の政府及び関係機
関が認める者等についても、追加することがあるものであること。

・ 介護のための日本語テスト（内閣官房が開催する、介護人材に求められる
日本語能力の確認のためのテストの運用・審査に関する検討会において認
定を受けた事業者が実施する、介護のための日本語テストをいう。）に合格し
ている者

○ 告示第1条第1号の要件については、技能実習生に対し、技能実習の区分に応じ
て、それぞれ一定の日本語能力を求めるものです。技能実習計画の認定を受ける
ためには、技能実習生が以下のいずれかの試験を受験し、合格又は一定の点数を
取得している必要があります。

・ 日本語能力試験 （試験の詳細はHP：http://www.jlpt.jp/を参照。）
・ J. TEST実用日本語検定 （試験の詳細はHP：http://j-test.jp/を参照。）
・ 日本語NAT−TEST （試験の詳細はHP：http://www.nat-test.com/を参照。）

（第1号技能実習の申請の場合又は第2号技能実習について日本語要件を満たして
いる場合）

○　第1号技能実習生と第2号技能実習生の技能実習計画の認定の申請を行う際には、上記の試験の成績証明書等の日本語能力を証明する書類を提出する必要があります。技能実習計画の認定については、第1号技能実習については、原則として開始予定日の4か月前まで、第2号技能実習については、原則として開始予定日の3か月前までに申請を行う必要がありますが、申請を行う際に、試験の合否結果が出ていない等の事情で日本語能力を証明する書類を提出することができない場合には、第1号技能実習については、実習開始の3か月前まで、第2号技能実習については、実習開始の2か月前までであれば、申請後に当該書類を追完することが可能です。書類を追完する場合には、申請を行う際に、申請書類補正（追加書類提出）申告書を提出する必要があります。

（第2号技能実習について技能実習生が日本語要件を満たしてない場合）
○　第2号技能実習への移行に当たって、技能実習生が告示第1条第1号ロに定める日本語要件（日本語能力試験 N3等の合格）を満たしていない場合には、技能実習計画の認定の申請を行う際に、日本語学習プラン（介護参考様式第13号）を提出する必要があります。
○　技能実習生が日本語能力試験 N3等に合格するまでは、技能実習を行わせる事業所のもとに、日本語学習プランに沿って日本語学習を行わせる必要があります。告示附則第1号に規定する「介護の技能等の適切な修得等のために必要な日本語を学ぶこと」とは、技能実習生の学習状況や日本語能力試験等の受験結果を踏まえ、日本語学習支援のためのwebコンテンツ等を活用しながら、日本語能力の向上を目指すことです。また、技能実習日誌（参考様式第4－2号）には、実際に日本語学習を行った時間や学習内容を記載する必要があります。
○　第2号技能実習期間中に、技能実習生が日本語能力試験 N3等に合格した場合は、技能実習計画を提出した機構の地方事務所・支所に、日本語要件申告書（介護参考様式第 14 号）及び試験の成績証明書等の日本語能力を証明する書類を提出する必要があります。

（第3号技能実習の申請の場合）
○　第3号技能実習について技能実習計画の認定の申請を行う際には、試験の成績証明書等の日本語能力を証明する書類を提出する必要があります。第3号技能実習については、原則として実習開始予定日の4か月前までに申請を行う必要がありますが、申請を行う際に、試験の合否結果が出ていない等の事情で日本語能力を証明する書類を提出することができない場合には、実習開始の3か月前までであれば、申請後に当該書類を追完することが可能です。書類を追完する場合には、申請を行う際に、申請書類補正（追加書類提出）申告書を提出する必要があります。

○　なお、第2号技能実習について認定の申請を行う際に日本語能力を証明する書類を提出した場合、又は、第2号技能実習期間中に日本語要件申告書を提出した場合であっても、第3号技能実習計画の認定の申請を行う際にこれらの書類を改めて提出する必要があります。

【確認対象の書類】

・　日本語能力認定書

　　　＊　日本語能力試験の場合

・　J．TEST実用日本語検定成績証明書

　　　＊　J．TEST実用日本語検定の場合

・　日本語NAT－TEST成績証明

　　　＊　日本語NAT－TESTの場合

・　申請書類補正（追加書類提出）申告書（介護参考様式第1号）

　　　＊　書類の追完を行う場合

・　日本語学習プラン（介護参考様式第 13 号）

　　　＊　第2号技能実習について技能実習生が日本語要件を満たしてない場合

・　日本語要件申告書（介護参考様式第 14 号）

　　　＊　第2号技能実習期間中に、技能実習生が日本語要件を満たした場合

【留意事項】

○　「J．TEST実用日本語検定成績証明書」、「日本語NAT－TEST成績証明」については、申請者がJ．TEST事務局、日本語 NAT-TEST 運営委員会から直接取り寄せていただく必要があります。お取り寄せ方法の詳細については下記URLを参照して下さい。

　・　J．TEST実用日本語検定成績証明書

　　　http://j-test.jp/immigration

　・　日本語NAT－TEST成績証明

　　　http://www.nat-test.com/contents/institution_score_report.html

○　日本語能力を証明する書類を追完する場合には、各試験の実施時期と確認書類の発行時期に留意し、期限までに追完する必要があります。各試験の実施時期と確認書類の発行時期は以下の表の通りです。（国・地域によって実施回数は異なりますので、詳しくは各試験のHPを参照下さい。）

試験の種類	試験実施時期	確認書類の発行時期
日本語能力試験	7月（第1回）、12 月（第 2 回）	（受験地が国内の場合） 9月上旬（第1回）、 2月上旬（第2回） （受験地が海外の場合）

		10月上旬（第1回）、3月上旬（第2回）
J．TEST実用日本語検定	1月、3月、5月、7月、9月、11月	試験実施日の約1か月後
日本語NAT－TEST	2月、4月、6月、8月、10 月、12月	試験実施日から3週間以内

（2）講習の基準に関するもの

【関係規定】
規則第10条
2
　七　第一号技能実習に係るものである場合にあっては、入国後講習が次のいずれにも該当するものであること。
　　イ　第一号企業単独型技能実習に係るものである場合にあっては申請者が、第一号団体監理型技能実習に係るものである場合にあっては監理団体が、自ら又は他の適切な者に委託して、座学（見学を含む 。）により実施するものであること。
　　ロ　科目が次に掲げるものであること。
　　　（1）　日本語
　　　（2）　本邦での生活一般に関する知識
　　　（3）　出入国又は労働に関する法令の規定に違反していることを知ったときの対応方法その他技能実習生の法的保護に必要な情報（専門的な知識を有する者（第一号団体監理型技能実習に係るものである場合にあっては、申請者又は監理団体に所属する者を除く。）が講義を行うものに限る。）
　　　（4）　（1）から（3）までに掲げるもののほか、本邦での円滑な技能等の修得等に資する知識
　　ハ　その総時間数（実施時間が八時間を超える日については、八時間として計算する。）が、技能実習生が本邦において行う第一号技能実習の予定時間全体の六分の一以上（当該技能実習生が、過去六月以内に、本邦外において、ロ(1)、(2)又は(4)に掲げる科目につき、一月以上の期間かつ百六十時間以上の課程を有し、座学により実施される次のいずれかの講習（以下「入国前講習」という。）を受けた場合にあっては、十二分の一以上）であること。
　　　（1）　第一号企業単独型技能実習に係るものである場合にあっては申請者が、第一号団体監理型技能実習に係るものである場合にあっては監理団体が、自ら又は他の適

切な者に委託して実施するもの

　(2)　外国の公的機関又は教育機関（第一号企業単独型技能実習に係るものにあって
　　は、これらの機関又は第二条の外国の公私の機関）が行うものであって、第一号企業
　　単独型技能実習に係るものである場合にあっては申請者、第一号団体監理型技能
　　実習に係るものである場合にあっては監理団体において、その内容が入国後講習に
　　相当すると認めたもの

二　第一号企業単独型技能実習に係るものである場合にあってはロ(3)に掲げる科目、第
　　一号団体監理型技能実習に係るものである場合にあっては全ての科目について、修得
　　させようとする技能等に係る業務に従事させる期間より前に行われ、かつ、当該科目に
　　係る入国後講習の期間中は技能実習生を業務に従事させないこと。

告示第1条

二　入国後講習が次のいずれにも該当するものであること。

　イ　規則第十条第二項第七号ロ(1)に掲げる科目（以下この号において「日本語科目」とい
　　う。）の講義の総時間数が二百四十時間以上であり、かつ、別表第一の中欄に掲げる教
　　育内容について、同表の下欄に掲げる時間を標準として講義が行われること。ただし、
　　技能実習生が入国前講習（同項第七号ハに規定する入国前講習をいう。以下この号に
　　おいて同じ。）において日本語科目の講義を受講した場合にあっては、入国前講習にお
　　いて当該技能実習生が受講した日本語科目の講義の教育内容及び時間数に応じて、
　　入国後講習における日本語科目の講義の時間数の一部を免除することができる。

　ロ　イにかかわらず、前号ロに掲げる要件を満たす技能実習生に係る場合にあっては、日
　　本語科目の講義の総時間数が八十時間以上であり、かつ、別表第二の中欄に掲げる
　　教育内容について、同表の下欄に掲げる時間を標準として講義が行われること。ただ
　　し、当該技能実習生が入国前講習において日本語科目の講義を受講した場合にあって
　　は、入国前講習において当該技能実習生が受講した日本語科目の講義の教育内容及
　　び時間数に応じて、入国後講習における日本語科目の講義の時間数の一部を免除す
　　ることができる。

　ハ　日本語科目の講義が、学校教育法（昭和二十二年法律第二十六号）に基づく大学
　　（短期大学を除く。）又は大学院において日本語教育に関する課程を修めて当該大学を
　　卒業し又は当該大学院の課程を修了した者その他これと同等以上の能力を有すると認
　　められる者により行われること。

　二　規則第十条第二項第七号ロ(4)に掲げる科目（以下この号において「技能等の修得等
　　に資する知識の科目」という。）の教育内容及び時間数が別表第三に定めるもの以上で
　　あること。ただし、技能実習生が入国前講習において技能等の修得等に資する知識の
　　科目の講義を受講した場合にあっては、入国前講習において当該技能実習生が受講し
　　た技能等の修得等に資する知識の科目の講義の教育内容及び時間数に応じて、入国
　　後講習における技能等の修得等に資する知識の科目の講義の時間数の一部を免除す

ることができる。

ホ　技能等の修得等に資する知識の科目の講義が、社会福祉士及び介護福祉士法（昭
和六十二年法律第三十号）第四十条第二項第一号から第三号までに規定する学校又
は養成施設の教員として、社会福祉士介護福祉士養成施設指定規則（昭和六十二年
厚生省令第五十号）別表第四の介護の領域に区分される教育内容に関して講義した
経験を有する者その他これと同等以上の知識及び経験を有すると認められる者により
行われること。

別表第一

科目	教育内容	時間数
日本語	総合日本語	100
	聴解	20
	読解	13
	文字	27
	発音	7
	会話	27
	作文	6
	介護の日本語	40
合計		240

別表第二

科目	教育内容	時間数
日本語	発音	7
	会話	27
	作文	6
	介護の日本語	40
合計		80

別表第三

科目	教育内容	時間数
技能等の修得等に資する知識	介護の基本Ⅰ・Ⅱ	6
	コミュニケーション技術	6
	移動の介護	6
	食事の介護	6
	排泄の介護	6
	衣服の着脱の介護	6
	入浴・身体の清潔の介護	6

合　　　計	42

解釈通知

　第一

　　一

　　　2　入国後講習について（告示第1条第2号）

　　　（1）日本語科目（告示第1条第2号イからハまで）

　　　　①　告示別表第一及び別表第二の中欄に掲げる教育内容に含まれる事項は次のとおりであること。

　　　　　・　総合日本語：①文法（文の文法、文章の文法）、②語彙（文脈規定、言い換え類義、用法）、③待遇表現、④発音、⑤正確な聞き取り、⑥話題に即した文作成

　　　　　・　聴解：①発話表現、②即時応答、③課題理解、④ポイント理解、⑤概要理解

　　　　　・　読解：①内容理解、②情報検索

　　　　　・　文字：①漢字読み、②表記

　　　　　・　発音：①拍、②アクセント、③イントネーション

　　　　　・　会話：①場面に対応した表現、②文末表現

　　　　　・　作文：①文章構成、②表現方法

　　　　　・　介護の日本語：①からだの部位等の語彙、②介護の場面に応じた語彙・声かけ

　　　　②　告示第1条第2号ハに規定する「その他これと同等以上の能力を有すると認められる者」とは、次に掲げる者であること。

　　　　　・　学校教育法（昭和 22 年法律第 26 号）に基づく大学（短期大学を除く。）又は大学院において日本語教育に関する科目の単位を 26 単位以上修得して当該大学を卒業し又は当該大学院の課程を修了した者

　　　　　・　公益財団法人日本国際教育支援協会（昭和 32 年3月1日に財団法人日本国際教育協会として設立された法人をいう。）が実施する日本語教育能力検定試験に合格した者

　　　　　・　学士の学位を有する者であって、日本語教育に関する研修で適当と認められるもの（420 単位時間（1単位時間は 45 分以上とする。）以上の課程を有するものに限る。）を修了したもの

　　　　　・　学校教育法に基づく大学（短期大学を除く。）又は大学院に相当する海外の大学又は大学院において日本語教育に関する課程を修めて当該大学を卒業し又は当該大学院の課程を修了した者

　　　　　・　学士の学位を有する者であって、技能実習計画の認定の申請の日から遡り

3年以内の日において出入国管理及び難民認定法第七条第一項第二号の基準を定める省令の留学の在留資格に係る基準の規定に基づき日本語教育機関等を定める件（平成2年法務省告示第145号）別表第1、別表第2及び別表第3に掲げる日本語教育機関で日本語教員として1年以上従事した経験を有し、かつ、現に当該日本語教育機関の日本語教員の職を離れていないもの

・ 学士、修士又は博士の学位を有する者であって、大学（短期大学を含む。）又は大学院において、26 単位以上の授業科目による日本語教員養成課程等を履修し、当該課程等の単位を教育実習1単位以上含む26 単位以上修得（通信による教育の場合には、26 単位以上の授業科目のうち、6単位以上は面接授業等により修得）しているもの

(2)技能等の修得等に資する知識の科目（告示第1条第2号ニ、ホ）

　① 告示別表第3の中欄に掲げる教育内容に含まれるべき事項は次のとおりであること。

　　・ 介護の基本Ⅰ・Ⅱ：①介護の基本Ⅰ（介護職の役割、介護職の職業倫理、介護における安全の確保とリスクマネジメント、介護職の安全、介護過程、介護における尊厳の保持・自立支援）、②介護の基本Ⅱ（からだのしくみの理解、介護を必要とする人の理解（老化の理解、認知症の理解、障害の理解））

　　・ コミュニケーション技術：①コミュニケーションの意義と目的、②コミュニケーションの基本的技法、③形態別コミュニケーション

　　・ 移動の介護：①移動の意義と目的、②基本的な移動の介護（体位変換、移動（歩行、車いす移動等））、③移動介助の留意点と事故予防

　　・ 食事の介護：①食事の意義と目的、②基本的な食事の介護、③食事介助の留意点と事故予防

　　・ 排泄の介護：①排泄の意義と目的、②基本的な排泄の介護（ポータブルトイレ、便器・尿器、おむつ等）、③排泄介助の留意点と事故予防

　　・ 衣服の着脱の介護：①身じたくの意義と目的、②基本的な着脱の介護、③着脱介助の留意点と事故予防

　　・ 入浴・身体の清潔の介護：①入浴・身体の清潔の意義と目的、②基本的な入浴の介護（特殊浴槽、チェアー浴、一般浴槽等）、③入浴以外の身体清潔の方法（足浴・手浴、身体清拭）、④褥瘡の予防、⑤入浴・身体清潔の介助の留意点と事故予防

　② 技能等の修得等に資する知識の科目の講義の講師について、告示第1条第2号ホに規定する「その他これと同等以上の知識及び経験を有すると認められる者」とは、次に掲げる者であること。

　　・ 社会福祉士及び介護福祉士法（昭和62 年法律第30 号）第40 条第2項

第4号に規定する高等学校又は中等教育学校の教員として、社会福祉士介護福祉士学校指定規則（平成20年文部科学省・厚生労働省令第2号）別表第5に定める介護福祉基礎、コミュニケーション技術、生活支援技術、介護過程又は介護総合演習に関し教授した経験を有する者

・　社会福祉士及び介護福祉士法第40条第2項第5号に規定する学校又は養成施設の教員として、社会福祉士介護福祉士養成施設指定規則（昭和62年厚生省令第50号）別表第5に定める介護の基本Ⅰ若しくはⅡ、コミュニケーション技術、生活支援技術Ⅰ若しくはⅡ又は介護過程ⅠからⅢまでのいずれかの科目を教授した経験を有する者

・　介護保険法施行規則（平成11年厚生省令第36号）第22条の23第1項に規定する介護職員初任者研修課程における介護保険法施行規則第二十二条の二十三第二項に規定する厚生労働大臣が定める基準（平成24年厚生労働省告示第71号）別表に定める介護の基本、介護におけるコミュニケーション技術又はこころとからだのしくみと生活支援技術のいずれかの科目を教授した経験を有する者

・　社会福祉士及び介護福祉士法附則第2条第1項各号に規定する高等学校又は中等教育学校の教員として、社会福祉士介護福祉士学校指定規則附則第2条第2号の表に定める介護福祉基礎、コミュニケーション技術、生活支援技術、介護過程又は介護総合演習のいずれかの科目を教授した経験を有する者

（3）時間数の免除

①　告示第1条第2号イ、ロ及びニに規定する「時間数の一部を免除することができる」とは、技能実習制度本体の取扱と同様、入国前講習（規則第10条第2項第7号ハに規定する入国前講習をいう。以下同じ。）において、入国後講習で行うこととされている日本語科目又は技能等の修得等に資する知識の科目の講義に相当するものが行われ、その時間数がそれぞれの科目について告示で定められた合計時間数の2分の1以上である場合には、入国後講習において、その科目の総時間数を告示で定められた合計時間数の2分の1を上限として免除することができるものであること。

　　教育内容ごとの時間数についても、入国前講習において行ったそれぞれの科目の講義における教育内容ごとの時間数を上限として、入国後講習において、告示で定める時間数の全部又は一部を免除することができるものであること。

②　入国前講習において行われた日本語科目の講義が、入国後講習で行うこととされている当該科目の講義に相当するものと認められるためには、告示で定める教育内容について、次のア又はイに掲げる者が講義を行うことが必要であ

ること。

　　ア　告示第1条第2号ハに掲げる者

　　イ　海外の大学を卒業又は海外の大学院の課程を修了した者であって、技能
　　　実習計画の認定の申請の日から遡り3年以内の日において外国における日
　　　本語教育機関で日本語教員として1年以上従事した経験を有し、かつ、現に
　　　日本語教員の職を離れていないもの

　③　入国前講習において行われた技能等の修得等に資する知識の科目の講義
　　が、入国後講習で行うこととされている当該科目の講義に相当するものと認めら
　　れるためには、告示で定める教育内容について、告示第1条第2号ホに掲げる
　　者が講義を行うことが必要であること。

○　告示第1条第2号については、入国後講習を介護職種の技能実習の実施に必要
　な日本語や介護に関する基礎的な事項を学ぶ課程とするため、入国後講習の科目
　ごとの時間数や教育内容、講師について一定の要件を設けるものです。

○　日本語科目については、告示で定める教育内容ごとの時間数を標準として講義が
　行われる必要があります。教育内容ごとの時間数が以下の表の右欄に記載する時
　間数を下回る場合については、告示第1条第2号イと告示第1条第2号ロの要件を
　満たしているとは認められません。

①　第1条第2号イの場合

科目	教育内容	時間数
日本語	総合日本語	90
	聴解	18
	読解	11
	文字	24
	発音	6
	会話	24
	作文	5
	介護の日本語	36

②　第1条第2号ロの場合

科目	教育内容	時間数
日本語	発音	6
	会話	24
	作文	5
	介護の日本語	36

○　入国前講習において、入国後講習で行うこととされている日本語科目又は技能等の修得等に資する知識の科目の講義に相当するものが行われ、その総時間数がそれぞれの科目について告示で定める合計時間数の2分の1以上である場合には、入国後講習において、その科目の総時間数を告示で定める合計時間数の2分の1を上限として免除することができます。教育内容ごとの時間数についても、入国前講習において行ったそれぞれの科目の講義における教育内容ごとの時間数を上限として、入国後講習において、告示で定める時間数の全部又は一部を免除することができます。

○　入国前講習において行われた日本語科目の講義が、入国後講習で行うこととされている当該科目の講義に相当するものと認められるためには、告示第1条第2号ハに掲げる者又は外国の大学若しくは大学院を卒業し、かつ、申請の日から遡り3年以内の日において外国における日本語教育機関の日本語教員として1年以上の経験を有し、現に日本語教員の職を離れていない者が講義を行う必要があります。

○　入国前講習において行われた技能等の修得等に資する知識の科目の講義が、入国後講習で行うこととされている当該科目の講義に相当するものと認められるためには、告示で定める教育内容について、告示第1条第2号ホに掲げる者が講義を行うことが必要となります。

【確認対象の書類】
・　介護職種の入国後講習実施予定表（介護参考様式第2号）
・　介護職種の入国前講習実施（予定）表（介護参考様式第3号）
　　＊　入国前講習を実施するとした場合
・　日本語科目の講師の誓約書（入国後講習）（介護参考様式第4-1号）
・　日本語科目の講師の誓約書（入国前講習）（介護参考様式第4-2号）
　　＊　日本語科目について入国前講習を実施するとした場合
・　日本語講師の履歴書（介護参考様式第5号）
・　技能等の修得等に資する知識の科目の講師の誓約書（介護参考様式第6号）
・　技能等の修得等に資する知識の科目の講師の履歴書（介護参考様式第7号）

第2　技能実習を行わせる体制に関するもの

【関係規定】
（技能実習を行わせる体制及び事業所の設備）
規則第12条　法第九条第六号（法第十一条第二項において準用する場合を含む。）の主務省

令で定める基準のうち技能実習を行わせる体制に係るものは、次のとおりとする。

一　（略）

二　（後述）

三～十三　（略）

十四　前各号に掲げるもののほか、法務大臣及び厚生労働大臣が告示で定める特定の職種及び作業に係るものにあっては、当該特定の職種及び作業に係る事業所管大臣が、法務大臣及び厚生労働大臣と協議の上、当該職種及び作業に特有の事情に鑑みて告示で定める基準に適合すること。

告示第2条　介護職種に係る規則第十二条第一項第十四号に規定する告示で定める基準は、次のとおりとする。

一～五　（後述）

（1）技能実習指導員に関するもの

【関係規定】

規則第12条

二　技能実習の指導を担当する者として、申請者又はその常勤の役員若しくは職員のうち、技能実習を行わせる事業所に所属する者であって、修得等をさせようとする技能等について五年以上の経験を有し、かつ、次のいずれにも該当しないものの中から技能実習指導員を一名以上選任していること。

イ　法第十条第一号から第七号まで又は第九号のいずれかに該当する者

ロ　過去五年以内に出入国又は労働に関する法令に関し不正又は著しく不当な行為をした者

ハ　未成年者

告示第2条

一　技能実習指導員（規則第七条第五号に規定する技能実習指導員をいう。次号において同じ。）のうち一名以上が、介護福祉士の資格を有する者その他これと同等以上の専門的知識及び技術を有すると認められる者であること。

二　技能実習生五名につき一名以上の技能実習指導員を選任していること。

解釈通知

第一

二　技能実習を行わせる体制について（告示第2条）

1　技能実習指導員について（告示第2条第1号）

告示第2条第1号に規定する「その他これと同等以上の専門的知識及び技術を有すると認められる者」とは、次に掲げる者であること。

・　修得等をさせようとする技能等について5年以上の経験を有することに加え、3年以

> 上介護等の業務に従事し、実務者研修を修了した者であって、申請者が技能実習
> 指導員としての適格性を認めたもの
> ・ 看護師、准看護師の資格を有する者

○ 技能実習指導員は、介護等の技能等について5年以上の経験を有する者の中から、技能実習生5名につき1名以上選任している必要があります。また、そのうち1名以上は介護福祉士や看護師等の一定の専門性を有すると認められる者である必要があります。

【確認対象の書類】
・ 技能実習指導員の履歴書（参考様式第1-4号）
・ 技能実習指導員の就任承諾書及び誓約書（参考様式第1-5号）
・ 技能実習指導員の常勤性が確認できる書類（健康保険等の被保険者証など）
・ 介護福祉士登録証の写し
　　＊ 技能実習指導員が介護福祉士の場合
・ 実務者研修修了証明書
　　＊ 技能実習指導員が実務者研修修了者の場合
・ 看護師又は准看護師の免許証の写し
　　＊ 技能実習指導員が看護師又は准看護師の場合
・ 事業所の概要書（介護参考様式第8号）
【留意事項】
○ 技能実習計画認定申請書第2面の「2技能実習を行わせる事業所④技能実習指導員の氏名及び役職名」には、告示第2条第1号に掲げる者に該当する者を記載して下さい。
○ 技能実習指導員が介護福祉士、実務者研修修了者、看護師又は准看護師のいずれかに該当する場合は、技能実習指導員の履歴書（参考様式第1-4号）の「⑨資格・免許」欄に「介護福祉士」、「実務者研修修了」、「看護師」、「准看護師」のいずれかを記載して下さい。
○ 技能実習指導員の履歴書（参考様式第1-4号）と技能実習指導員の就任承諾書及び誓約書（参考様式第1-5号）については、事業所の概要書（介護参考様式第8号）の「⑥技能実習指導員の数」に記載した人数分添付して下さい。その際、それぞれの技能実習指導員について、技能実習指導員の常勤性が確認できる書類を併せて添付して下さい。

（2）技能実習を行わせる事業所に関するもの

【関係規定】
告示第2条

三 技能実習を行わせる事業所が次のいずれにも該当するものであること。

　イ 介護等の業務（利用者の居宅においてサービスを提供する業務を除く。）を行うものであること。

　ロ 開設後三年以上経過しているものであること。

四 技能実習生を、利用者の居宅においてサービスを提供する業務に従事させないこと。

解釈通知

　第一

　　二

　　　2 技能実習を行わせる事業所について（告示第2条第3号イ）

　　　　告示第2条第3号イ及び第5条第1号イに規定する「介護等の業務」とは、社会福祉士及び介護福祉士法第40条第2項第5号に規定する「介護等の業務」であって、介護福祉士試験の受験資格の認定において「介護等の業務」に従事したと認められるものであること。具体的には（別紙1）のとおりであること。

○ 介護職種の技能実習を行わせる事業所は、介護福祉士国家試験の受験資格の認定において実務経験として認められる介護等の業務に従事させることができる事業所でなければなりません。また、訪問介護などの訪問系サービスについては、適切な指導体制を取ることが困難であることや利用者、技能実習生双方の人権擁護、適切な在留管理の担保が困難であることから、介護職種の技能実習の対象とはなりません。

○ 介護職種の技能実習の対象となる施設・事業の類型については、施設種別コード表（別紙）を参照下さい。

○ また、経営が一定程度安定している事業所において技能実習が行われることを担保するため、技能実習を行わせる事業所は、開設後3年を経過していることが必要です。

【確認対象の書類】

・ 事業所の概要書（介護参考様式第8号）

・ 指定通知書等の写し

【留意事項】

○ 事業所の概要書には、施設種別コード表（別紙）に記載の施設・事業のいずれに該当するかを記載していただき、記載した施設又は記載した事業を行う事業所であることを証明する書類として、自治体が発行する指定通知書等の写しを添付していただく必要があります。

（3）　夜勤業務等に関するもの

【関係規定】

告示第2条

　五　技能実習生に夜勤業務その他少人数の状況の下での業務又は緊急時の対応が求めら
　　れる業務を行わせる場合にあっては、利用者の安全の確保等のために必要な措置を講ず
　　ることとしていること。

解釈通知

　第一

　　二

　　　3　夜勤業務等について（告示第2条第5号）

　　　　夜勤は、昼間と異なり少人数での勤務となるため利用者の安全性に対する配慮が
　　　特に必要となるとともに、技能実習生の心身両面への負担が大きいことから、技能実
　　　習生を夜勤業務等に配置する際には、利用者の安全を確保し、技能実習生を保護す
　　　るための措置を講ずることが必要であること。

○　技能実習生への技能・技術の移転を図るという技能実習制度の趣旨に照らし、技
　能実習生が業務を行う際には、昼夜を問わず、技能実習生以外の介護職員を指
　導に必要な範囲で同時に配置することが求められます。

【確認対象の書類】

・　申請者の誓約書（介護参考様式第9号）

第3　介護職種の優良な実習実施者に関するもの

【関係規定】

　（第三号技能実習に係る基準）

規則第15条　法第九条第十号（法第十一条第二項において準用する場合を含む。）の主務省
　令で定める基準は、次に掲げる事項を総合的に評価して、技能等の修得等をさせる能力につ
　き高い水準を満たすと認められるものであることとする。

　一　技能等の修得等に係る実績

　二　技能実習を行わせる体制

　三　技能実習生の待遇

　四　出入国又は労働に関する法令への違反、技能実習生の行方不明者の発生その他の問
　　題の発生状況

　五　技能実習生からの相談に応じることその他の技能実習生に対する保護及び支援の体制

		及び実施状況
	六	技能実習生と地域社会との共生に向けた取組の状況

○ 介護職種の優良な実習実施者の基準については、他職種と同様、規則第 15 条第
1号から第6号に掲げる事項を総合的に評価して、技能等の修得等をさせる能力につ
き高い水準を満たすと認められるものであることとされています。

○ その運用に当たっては、下記の表で6割以上の点数（旧配点：125 点満点で75 点以
上、新配点：155 点満点で 93 点以上）を獲得した場合に、「優良」であると判断するこ
ととされています。下記の表については、他職種における優良な実習実施者に関する
基準の表（旧配点：120 点満点）の「②技能実習を行わせる体制」の評価項目に、「過
去3年以内の介護職種の技能実習指導員講習の受講歴」を追加したものになります。
※「特定の職種及び作業に係る技能実習制度運用要領」（平成 31 年3月改訂版）に
おける配点（旧配点）では、125 点満点で 75 点以上を獲得した場合に「優良」であると
判断することとされていましたが、令和2年 11 月の一部項目の追加及び配点の改正
により、155 点満点で 93 点以上を獲得した場合に「優良」であると判断することとされ
ました。なお、令和2年 11 月から令和3年 10 月までの間は、旧配点と新配点のいず
れかを選択することが可能です。

○ この「介護職種の技能実習指導員講習」とは、介護職種の技能実習に関して、適切
な実習体制を確保することを目的として厚生労働省が行う予算事業である「介護職種
の技能実習生の日本語学習等支援事業」を受託した事業者が、当該事業の一環とし
て実施する講習をいいます。介護職種の技能実習指導員講習の開催予定等につい
ては、厚生労働省HPに掲載しています。介護職種の技能実習指導員が、過去3年以
内に当該講習を受講した場合に、加点されることとなります。

	項目	配点
①技能等の 修得等に係 る実績	【最大70点】	
	Ⅰ 過去3技能実習事業年度の初級程度の介護技能実習 評価試験等（他職種の技能実習評価試験も含む。）の学 科試験及び実技試験の合格率（旧制度の基礎2級程度 の合格率を含む。）	・95%以上：20 点 ・80%以上 95%未満 ：10 点 ・75%以上 80%未満 ：0 点 ・75%未満：－20 点

	Ⅱ　過去3技能実習事業年度の専門級・上級程度の介護技能実習評価試験等（他職種の技能実習評価試験も含む。）の実技試験の合格率 ＜計算方法＞ 分母：技能実習生の2号・3号修了者数 　　　－うちやむを得ない不受検者数 　　　＋旧制度の技能実習生の受験者数 分子：(専門級合格者数＋上級合格者数×1.5)×1.2 ＊　旧制度の技能実習生の受検実績について、施行日以後の受検実績は必ず算入。	・80%以上：40点 ・70%以上80%未満 　：30点 ・60%以上70%未満 　：20点 ・50%以上60%未満 　：0点 ・50%未満：－40点
	＊　上記の計算式の分母の算入対象となる技能実習生がいない場合は、過去3技能実習事業年度には2号未修了であった者の申請日時点の専門級程度の介護技能実習評価試験等（他職種の技能実習評価試験も含む。）の実技試験の合格実績に応じて、右欄のとおり加点する。	＊　左欄に該当する場合 ・合格者3人以上：20点 ・合格者2人：10点 ・合格者1人：5点 ・合格者0人：0点
	Ⅲ　直近過去3年間の専門級・上級程度の介護技能実習評価試験等（他職種の技能実習評価試験も含む。）の学科試験の合格実績 ＊　専門級、上級で分けず、合格人数の合計で評価	・合格者2人以上：5点 ・合格者1人：3点
	Ⅳ　技能検定等の実施への協力 ＊　介護技能実習評価試験の試験評価者を社員等の中から輩出している場合等を想定	・有：5点
②技能実習を行わせる体制	【最大15点】	
	Ⅰ　過去3年以内の技能実習指導員の講習受講歴	・全員有　：　5点
	Ⅱ　過去3年以内の生活指導員の講習受講歴	・全員有　：　5点
	Ⅲ　過去3年以内の介護職種の技能実習指導員講習の受講歴	・全員有　：　5点
③技能実習生の待遇	【最大10点】	
	Ⅰ　第1号技能実習生の賃金（基本給）のうち最低のものと最低賃金の比較	・115%以上　：　5点 ・105%以上115%未満 　：　3点
	Ⅱ　技能実習生の賃金に係る技能実習の各段階ごとの昇給	・5%以上　：　5点

		率	·3%以上5%未満 ： 3点
④ 法令違 反・問題の 発生状況	【最大 5 点】		
	Ⅰ 直近過去3年以内に改善命令を受けたことがあること		·改善未実施 ：－50 点 ·改善実施 ： －30 点
	Ⅱ 直近過去3年以内における失踪がゼロ又は失踪の割合 が低いこと		·ゼロ ： 5点 ·10%未満又は1人以下 ： 0 点 ·20%未満又は2人以下 ：－5点 ·20%以上又は3人以上 ：－10 点
	Ⅲ 直近過去3年以内に責めによるべき失踪があること		·該当 ： －50 点
⑤ 相談・支 援体制	【最大 45 点（新配点）】又は【最大 15 点（旧配点）】		
	Ⅰ 母国語相談・支援の実施方法・手順を定めたマニュアル 等を策定し、関係職員に周知していること		·有 ： 5点
	Ⅱ 受け入れた技能実習生について、全ての母国語で相談 できる相談員を確保していること		·有 ： 5点
	Ⅲ 直近過去3年以内に、技能実習の継続が困難となった 技能実習生に引き続き技能実習を行う機会を与えるため に当該技能実習生の受入れを行ったこと		（旧配点） ·有 ： 5点 （新配点） ·基本人数枠以上の受入 れ ： 25点 ·基本人数枠未満の受入 れ ： 15点
	Ⅳ 技能実習の継続が困難となった技能実習生（他の監理 団体傘下の実習実施者で技能実習を行っていた者に限 る。）に引き続き技能実習を行う機会を与えるため、実習 先変更支援サイトに監理団体を通じて受入れ可能人数の 登録を行っていること。		（新配点） ·有 ： 10点 ※ 新配点のみに設けら れた加点項目です。
⑥ 地域社会 との共生	【最大 10 点】		
	Ⅰ 受け入れた技能実習生に対し、日本語の学習の支援を 行っていること		·有 ： 4点
	Ⅱ 地域社会との交流を行う機会をアレンジしていること		·有 ： 3点
	Ⅲ 日本の文化を学ぶ機会をアレンジしていること		·有 ： 3点

【確認対象の書類】

・ 介護職種の優良要件適合申告書（介護参考様式第 12 号）

・ 優良要件適合申告書・別紙（参考様式第1−24 号別紙）

　　　＊ やむを得ない不受検者がある場合

・ 介護職種の優良要件適合申告書・別紙（介護参考様式第 12 号別紙）

　　　＊ 介護職種の技能実習指導員に講習受講者があり、加点要素として申告する場合

・ 講習受講者全員の受講証明書の写し

　　　＊ 技能実習指導員又は生活指導員に講習受講者があり、加点要素として申告する場合

第4　技能実習生の人数枠に関するもの

【関係規定】

（技能実習生の数）

規則第16条　法第九条第十一号（法第十一条第二項において準用する場合を含む。）の主務
　省令で定める数は、次の各号に掲げる技能実習の区分に応じ、当該各号に定めるとおりとす
　る。

　一　企業単独型技能実習（次号に規定するものを除く。）　第一号技能実習生について申請
　　者の常勤の職員（外国にある事業所に所属する常勤の職員及び技能実習生を除く。以下
　　この条において同じ。）の総数に二十分の一を乗じて得た数、第二号技能実習生について
　　申請者の常勤の職員の総数に十分の一を乗じて得た数

　二　企業単独型技能実習（この号で定める数の企業単独型技能実習生を受け入れた場合に
　　おいても継続的かつ安定的に企業単独型技能実習を行わせることができる体制を有する
　　ものと法務大臣及び厚生労働大臣が認めたものに限る。）又は団体監理型技能実習　第
　　一号技能実習生について次の表の上欄に掲げる申請者の常勤の職員の総数の区分に応
　　じ同表の下欄に定める数（その数が申請者の常勤の職員の総数を超えるときは、当該常勤
　　の職員の総数）、第二号技能実習生について同表の下欄に定める数に二を乗じて得た数
　　（その数が申請者の常勤の職員の総数に二を乗じて得た数を超えるときは、当該常勤の職
　　員の総数に二を乗じて得た数）

申請者の常勤の職員の総数	技能実習生の数
三百一人以上	申請者の常勤の職員の総数の二十分の一
二百一人以上三百人以下	十五人
百一人以上二百人以下	十人
五十一人以上百人以下	六人
四十一人以上五十人以下	五人

三十一人以上四十人以下	四人
三十人以下	三人

2　前項の規定にかかわらず、企業単独型技能実習にあっては申請者が前条の基準に適合する者である場合、団体監理型技能実習にあっては申請者が同条の基準に適合する者であり、かつ、監理団体が一般監理事業に係る監理許可（法第二条第十項に規定する監理許可をいう。以下同じ。）を受けた者である場合には、法第九条第十一号（法第十一条第二項において準用する場合を含む。）の主務省令で定める数は、次の各号に掲げる技能実習の区分に応じ、当該各号に定めるとおりとする。

　一　前項第一号に規定する企業単独型技能実習　第一号技能実習生について申請者の常勤の職員の総数に十分の一を乗じて得た数、第二号技能実習生について申請者の常勤の職員の総数に五分の一を乗じて得た数、第三号技能実習生について申請者の常勤の職員の総数に十分の三を乗じて得た数

　二　前項第二号に掲げる技能実習　同号の表の上欄に掲げる申請者の常勤の職員の総数の区分に応じ、第一号技能実習生について同表の下欄に定める数に二を乗じて得た数（その数が申請者の常勤の職員の総数を超えるときは、当該常勤の職員の総数）、第二号技能実習生について同表の下欄に定める数に四を乗じて得た数（その数が申請者の常勤の職員の総数に二を乗じて得た数を超えるときは、当該常勤の職員の総数に二を乗じて得た数）、第三号技能実習生について同表の下欄に定める数に六を乗じて得た数（その数が申請者の常勤の職員の総数に三を乗じて得た数を超えるときは、当該常勤の職員の総数に三を乗じて得た数）

3　前二項の規定にかかわらず、法務大臣及び厚生労働大臣が告示で定める特定の職種及び作業に係る技能実習である場合には、法第九条第十一号（法第十一条第二項において準用する場合を含む。）の主務省令で定める数は、当該特定の職種及び作業に係る事業所管大臣が、法務大臣及び厚生労働大臣と協議の上、当該職種及び作業に特有の事情に鑑みて告示で定める数とする。

4　（略）

告示第3条　介護職種に係る規則第十六条第三項に規定する告示で定める数は、次の各号に掲げる技能実習の区分に応じ、当該各号に定めるとおりとする。ただし、技能実習を行わせる事業所（以下この条において単に「事業所」という。）の技能実習生の総数が、当該事業所の介護等を主たる業務として行う常勤の職員（以下この条において「常勤介護職員」という。）の総数を超えないものとする。

　一　企業単独型技能実習（次号に規定するものを除く。）　第一号技能実習生について事業所の常勤介護職員の総数に二十分の一を乗じて得た数、第二号技能実習生について事業所の常勤介護職員の総数に十分の一を乗じて得た数

　二　企業単独型技能実習（規則第十六条第一項第二号に規定する企業単独型技能実習に限る。）又は団体監理型技能実習　第一号技能実習生について次の表の上欄に掲げる

事業所の常勤介護職員の総数の区分に応じ同表の下欄に定める数、第二号技能実習生
について同表の下欄に定める数に二を乗じて得た数

事業所の常勤介護職員の総数	技能実習生の数
三百一人以上	事業所の常勤介護職員の総数の二十分の一
二百一人以上三百人以下	十五人
百一人以上二百人以下	十人
五十一人以上百人以下	六人
四十一人以上五十人以下	五人
三十一人以上四十人以下	四人
二十一人以上三十人以下	三人
十一人以上二十人以下	二人
十人以下	一人

2　前項の規定にかかわらず、企業単独型技能実習にあっては申請者が規則第十五条の基準
に適合する者である場合、団体監理型技能実習にあっては申請者が同条の基準に適合する
者であり、かつ、監理団体が第五条第二号の基準に適合する者である場合には、介護職種に
係る規則第十六条第三項に規定する告示で定める数は、次の各号に掲げる技能実習の区分
に応じ、当該各号に定めるとおりとする。ただし、事業所の技能実習生の総数が、当該事業所
の常勤介護職員の総数を超えないものとする。

　一　前項第一号に規定する企業単独型技能実習　第一号技能実習生について事業所の常
　　勤介護職員の総数に十分の一を乗じて得た数、第二号技能実習生について事業所の常
　　勤介護職員の総数に五分の一を乗じて得た数、第三号技能実習生について事業所の常
　　勤介護職員の総数に十分の三を乗じて得た数
　二　前項第二号に掲げる技能実習　同号の表の上欄に掲げる事業所の常勤介護職員の総
　　数の区分に応じ、第一号技能実習生について同表の下欄に定める数に二を乗じて得た
　　数、第二号技能実習生について同表の下欄に定める数に四を乗じて得た数、第三号技能
　　実習生について同表の下欄に定める数に六を乗じて得た数

○　介護職種の人数枠は、事業所単位で、介護等を主たる業務として行う常勤職員
　（常勤介護職員）の総数に応じて設定されています。また、技能実習生の総数が事
　業所の常勤介護職員の総数を超えることができません。

○　企業単独型技能実習の場合は実習実施者が、団体監理型技能実習の場合は実
　習実施者と監理団体が、優良である場合には、告示第3条第2項の規定の適用を
　受けることができ、第3号技能実習生の受入れが認められるとともに、通常の場合と
　比べて人数枠が拡大されます。介護職種の優良な実習実施者の基準は他職種と

一部異なることに留意して下さい。（詳細はp18 に記載。）また、介護職種の優良な監理団体については、介護職種の実績等も基に判断されることに留意して下さい。（介護職種の優良な監理団体の基準については、告示第5条第2項に規定。詳細はp29に記載）

【確認対象の書類】
・ 事業所の概要書（介護参考様式第8号）
・ 理由書（参考様式第1-26 号）及び規則第16条第1項第2号の基準への適合性を立証する関係書類
　　＊ 規則第16条第1項第2号の適用を受けようとする場合
・ 優良要件適合申告書（実習実施者）（参考様式第1-24 号）
　　＊ 規則第16条第2項の適用を受けようとする場合

【留意事項】
○ 常勤介護職員の総数については、常勤換算方法により算出するものではなく、他職種と同様、実習実施者に継続的に雇用されている職員（いわゆる正社員をいいますが、正社員と同様の就業時間で継続的に勤務している日給月給者を含む。）であって、介護等を主たる業務とする者の数を事業所ごとに算出することになります。
○ 技能実習生名簿（参考様式第1-24 号別紙）には、技能実習を行わせている事業所において現に受け入れている技能実習生を記載して下さい。
○ 規則第16条で定めている法人単位での人数枠は、介護職種には適用されません。

第5 監理団体の法人形態に関するもの

【関係規定】
（本邦の営利を目的としない法人）
規則第29条 法第二十五条第一項第一号（法第三十二条第二項において準用する場合を含む。次項において同じ。）の主務省令で定める法人は、次のとおりとする。
　一 商工会議所（その実習監理を受ける団体監理型実習実施者が当該商工会議所の会員である場合に限る 。）
　二 商工会（その実習監理を受ける団体監理型実習実施者が当該商工会の会員である場合に限る。）
　三 中小企業団体（中小企業団体の組織に関する法律（昭和三十二年法律第百八十五号）第三条第一項に規定する中小企業団体をいう。）（その実習監理を受ける団体監理型実習実施者が当該中小企業団体の組合員又は会員である場合に限る。）
　四 職業訓練法人
　五・六 （略）

　七　公益社団法人

　八　公益財団法人

　九　（略）

2　前項の規定にかかわらず、法務大臣及び厚生労働大臣が告示で定める特定の職種及び作業に係る団体監理型技能実習を実習監理する場合における法第二十五条第一項第一号の主務省令で定める法人は、当該特定の職種及び作業に係る事業所管大臣が、法務大臣及び厚生労働大臣と協議の上、当該職種及び作業に特有の事情に鑑みて告示で定める法人とする。

告示第4条　介護職種に係る規則第二十九条第二項に規定する告示で定める法人は、次の各号のいずれかに該当する法人とする。

　一　規則第二十九条第一項第一号から第四号、第七号又は第八号に規定する法人であること。

　二　当該法人の目的に介護、医療又は社会福祉の発展に寄与することが含まれる全国的な団体（その支部を含む。）であって、介護又は医療に従事する事業者により構成されるものであること。

○　告示第4条においては、介護職種の監理団体として認められる法人類型が列挙されています。具体的には以下のとおりです。

　①　商工会議所、商工会、中小企業団体、職業訓練法人、公益社団法人又は公益財団法人

　　※　本体制度上、商工会議所、商工会、中小企業団体の場合は、その実習監理を受ける介護職種の実習実施者が組合員又は会員である場合に限ります。

　②　当該法人の目的に介護、医療又は社会福祉の発展に寄与することが含まれる全国的な団体（その支部を含む。）であって、介護又は医療に従事する事業者により構成されるもの

○　②に該当する団体として介護職種の監理団体の許可を受けるためには、（ⅰ）当該法人の目的に介護、医療又は社会福祉の発展に寄与することが含まれること、（ⅱ）介護又は医療に従事する事業者から構成される全国的な団体（又はその支部）であること、を満たすことを立証していただく必要があります。②に該当する団体として申請する場合には、事前に機構の本部事務所の審査課にご相談下さい。

【確認対象の書類】
・　監理団体許可申請書（省令様式第11号）

- ・ 監理事業計画書（省令様式第12号）
- ・ 登記事項証明書
- ・ 定款又は寄附行為の写し
- ・ 監理団体の業務の運営に係る規程の写し
- ・ 支部であることを本部の全国的な団体が証する書類（公印、署名が必要）
  - ＊ 告示第4条第2号に該当する全国的な団体の支部として監理団体になろうとする場合

【留意事項】

○ 告示第4条第2号に該当する全国的な団体の支部として監理団体になろうとする場合については、支部自体が社会福祉法人、一般社団法人又は一般財団法人等の営利を目的としない法人の法人格を有していることが必要となります。

第6 監理団体の業務の実施に関するもの

【関係規定】

（監理団体の業務の実施に関する基準）

規則第52条 法第三十九条第三項の主務省令で定める基準は、次のとおりとする。

　一～七 （略）

　八 （後述）

　九～十五 （略）

　十六 前各号に掲げるもののほか、法務大臣及び厚生労働大臣が告示で定める特定の職種及び作業に係る団体監理型技能実習の実習監理を行うものにあっては、当該特定の職種及び作業に係る事業所管大臣が、法務大臣及び厚生労働大臣と協議の上、当該職種及び作業に特有の事情に鑑みて告示で定める基準に適合すること。

告示第5条 介護職種に係る規則第五十二条第十六号に規定する告示で定める基準は、次のとおりとする。

　一・二 （後述）

（1）技能実習計画の作成指導に関するもの

【関係規定】

規則第52条

　八 法第八条第四項（法第十一条第二項において準用する場合を含む。）に規定する指導に当たっては、団体監理型技能実習を行わせる事業所及び団体監理型技能実習生の宿泊施設（法第十一条第二項において準用する場合にあっては、これらのうち変更しようとする事項に係るものに限る。）を実地に確認するほか、次に掲げる観点から指導を行うこと。こ

の場合において、ロに掲げる観点からの指導については、修得等をさせようとする技能等について一定の経験又は知識を有する役員又は職員にこれを担当させること。

イ　技能実習計画を法第九条各号に掲げる基準及び出入国又は労働に関する法令に適合するものとする観点

ロ　適切かつ効果的に技能等の修得等をさせる観点

ハ　技能実習を行わせる環境を適切に整備する観点

告示第5条

一　規則第五十二条第八号に規定する修得等をさせようとする技能等について一定の経験又は知識を有する役員又は職員が次のいずれかに該当する者であること。

イ　五年以上介護等の業務に従事した経験を有する者であって、介護福祉士の資格を有するものであること。

ロ　イに掲げる者と同等以上の専門的知識及び技術を有すると認められる者であること。

解釈通知

第二　監理団体の業務の実施に関する基準（告示第5条）

告示第5条第1号ロに規定する「イに掲げる者と同等以上の専門的知識及び技術を有すると認められる者」とは、次に掲げる者であること。

・　看護師、准看護師の資格を有する者であって、5年以上の実務経験を有するもの

・　介護等の業務を行う施設又は事業所の施設長又は管理者として3年以上勤務した経験を有する者

・　介護支援専門員であって、5年以上介護等の業務に従事した経験を有する者

告示第5条第1号に定める要件を満たす技能実習計画作成指導者については、常勤・非常勤であるかは問わないものであること。

○　介護職種の技能実習計画については、技能移転の対象項目ごとに詳細な計画を作成することが求められます。具体的には、技能移転の対象業務の記載だけではなく、（1）個々の業務において必要となる着眼点や具体的な技術等の内容を記載するとともに、（2）介護業務に関連して日本語の学習を進められるよう、必須業務、関連業務、周辺業務ごとに、業務に関連する日本語学習について記載することが求められます。（介護職種の技能実習計画のモデル例については、厚労省のHPにて掲載していますので参照下さい。）（ http://www.mhlw.go.jp/file/06-Seisakujouhou-12000000-Shakaiengokyoku-Shakai/0000180396.pdf ）

○　このため、適切かつ効果的に技能等の修得等をさせる観点からの技能実習計画の作成の指導については、介護福祉士や看護師等の一定の専門性を有すると認められるものが行うことが必要となります。

【確認対象の書類】

・ 技能実習計画作成指導者の履歴書(介護参考様式第10号)

・ 介護福祉士登録証の写し

 ＊ 技能実習計画作成指導者が介護福祉士の場合

・ 看護師又は准看護師の免許証の写し

 ＊ 技能実習計画作成指導者が看護師又は准看護師の場合

・ 介護支援専門員証の写し

 ＊ 技能実習計画作成指導者が介護支援専門員の場合

【留意事項】

○ 技能実習計画作成指導者が介護福祉士、看護師、准看護師又は介護支援専門員のいずれかに該当する場合は、技能実習計画作成指導者の履歴書(介護参考様式第10号)の「⑨資格・免許」欄に「介護福祉士」、「看護師」、「准看護師」、「介護支援専門員」のいずれかを記載して下さい。

（2） 介護職種の優良な監理団体に関するもの

【関係規定】

（一般監理事業の許可に係る基準）

規則第31条　法第二十五条第一項第七号(法第三十二条第二項において準用する場合を含む。)の主務省令で定める基準は、次に掲げる事項を総合的に評価して、団体監理型技能実習の実施状況の監査その他の業務を遂行する能力につき高い水準を満たすと認められるものであることとする。

　一　団体監理型技能実習の実施状況の監査その他の業務を行う体制及び実施状況

　二　実習監理する団体監理型技能実習における技能等の修得等に係る実績

　三　出入国又は労働に関する法令への違反、団体監理型技能実習生の行方不明者の発生その他の問題の発生状況

　四　団体監理型技能実習生からの相談に応じることその他の団体監理型技能実習生に対する保護及び支援の体制及び実施状況

　五　団体監理型技能実習生と地域社会との共生に向けた取組の状況

告示第5条

　二　第三号技能実習の実習監理を行うものにあっては、規則第三十一条第一号及び第二号に掲げる事項について、介護職種に係る実績等を総合的に評価して、団体監理型技能実習の実施状況の監査その他の業務を遂行する能力につき高い水準を満たすと認められるものであること。

○ 介護職種における第3号の技能実習の実習監理と受入人数枠の拡大の可否につ

いては、介護職種の実績等を基に判断することとされています。

○　その運用に当たっては、下記の表で6割以上の点数（80 点満点で 48 点以上）を
獲得した場合に、介護職種における監理団体として「優良」であると判断し、介護職
種における第3号の技能実習の実習監理と拡大人数枠の適用を認めることとされて
います。

	項目	配点
①介護職種における団体監理型技能実習の実施状況の監査その他の業務を行う体制	【最大 40 点】	
	Ⅰ　介護職種の実習実施者に対して監理団体が行う定期の監査について、その実施方法・手順を定めたマニュアル等を策定し、監査を担当する職員に周知していること。	・有　：　5点
	Ⅱ　介護職種の監理事業に関与する常勤の役職員と実習監理を行う介護職種の実習実施者の比率	・1：5未満　：　15点 ・1：10未満　：　7点
	Ⅲ　介護職種の実習実施者の技能実習責任者、技能実習指導員、生活指導員等に対し、毎年、研修の実施、マニュアルの配布などの支援を行っていること	・有　：　5点
	Ⅳ　帰国後の介護職種の技能実習生のフォローアップ調査に協力すること。	・有　：　5点
	Ⅴ　介護職種の技能実習生のあっせんに関し、監理団体の役職員が送出国での事前面接をしていること。	・有　：　5点
	Ⅵ　帰国後の介護職種の技能実習生に関し、送出機関と連携して、就職先の把握を行っていること。	・有　：　5点
②介護職種における技能等の修得等に係る実績	【最大 40 点】	
	Ⅰ　過去3技能実習事業年度の初級の介護技能実習評価試験の学科試験及び実技試験の合格率	・95%以上：10点 ・80%以上95%未満：5点 ・75%以上80%未満：0点 ・75%未満：－10点
	Ⅱ　過去3技能実習事業年度の専門級、上級の介護技能実習評価試験の実技試験の合格率	・80%以上：20点 ・70%以上80%未満：15点

＜計算方法＞ 分母：技能実習生の2号・3号修了者数 　　　－うちやむを得ない不受検者数 分子：(専門級合格者数＋上級合格者数×1.5)× 　　　1.2	・60％以上70％未満：10点 ・50％以上60％未満：0点 ・50％未満：－20点 ＊　上記の計算式の分母の算入 　対象となる技能実習生がいな 　い場合は、令和5年度までの 　間、「0点」とする。
Ⅲ　直近過去3年間の専門級、上級の介護技能実 　習評価試験の学科試験の合格実績 ＊専門級、上級で分けず、合格人数の合計で評価	・2以上の実習実施者から合格 　者を輩出：5点 ・1の実習実施者から合格者を 　輩出：3点
Ⅳ　技能検定等の実施への協力 　＊　傘下の実習実施者が、介護技能実習評価試 　　験の試験評価者を社員等の中から輩出してい 　　る場合を想定	・1以上の実習実施者から協力 　有：5点

○　既に他職種における実績等に基づいて一般監理事業の許可を受けている監理団体が、介護職種における第3号技能実習の実習監理を行おうとする場合については、監理団体に付された許可の条件（「介護職種における第3号技能実習の実習監理は認めない」といった旨の条件）を変更する必要があります。許可の条件の変更を行う場合にあっては、機構の本部事務所の審査課にお申し出下さい。

○　一般監理事業の許可を受けていない監理団体が、介護職種における第3号技能実習の実習監理を行う場合については、特定監理事業から一般監理事業への事業区分の変更を申請し、介護職種における第3号技能実習の実習監理も含めた一般監理事業の許可を受けなければなりません。介護職種における第3号技能実習の実習監理も含めた一般監理事業の許可を受けるためには、規則第31条に規定する全職種共通の優良な監理団体の基準を満たすとともに、告示第5条第2号に規定する介護職種における優良な監理団体の基準を満たすことが必要となります。このため、事業区分の変更の申請を行う際には、全職種共通の優良要件適合申告書（参考様式第2-14号）に加えて、介護職種の優良要件適合申告書（介護参考様式第11号）を機構の本部事務所に提出することが必要となります。

【確認対象の書類】
・　優良要件適合申告書（参考様式第2－14号）
・　介護職種の優良要件適合申告書（介護参考様式第11号）

> ・　優良要件適合申告書・別紙2（参考様式第2-14号別紙2）
> ・　優良要件適合申告書・別紙3（参考様式第2-14号別紙3）
> 【留意事項】
> ○　優良要件適合申告書・別紙2（参考様式第2-14　号別紙2）には介護職種の技能実習生
> 　のみを記載して下さい。

第7　その他

○　介護職種の技能実習計画については、技能移転の対象項目ごとに詳細な計画を
作成することが求められます。具体的には、技能移転の対象業務の記載だけではな
く、（1）個々の業務において必要となる着眼点や具体的な技術等の内容を記載する
とともに、（2）介護業務に関連して日本語の学習を進められるよう、必須業務、関連
業務、周辺業務ごとに、業務に関連する日本語学習について記載することが求めら
れます。（介護職種の技能実習計画のモデル例については、厚労省のHPにて掲載
していますので参照下さい。）（ http://www.mhlw.go.jp/file/06-Seisakujouhou-
12000000-Shakaiengokyoku-Shakai/0000180396.pdf ）【再掲】

> 【確認対象の書類】
> ・　技能実習計画認定申請書（別記様式第1号）及び別紙
> ＊　別紙には、個々の業務において必要となる着眼点や具体的な技術等の内容を記載するほ
> 　か、必須業務、関連業務、周辺業務ごとに、業務に関連する日本語学習について記載する
> 　こと

6 特定の分野に係る特定技能外国人受入れに関する運用要領―介護分野の基準について―

平成３１年３月 法務省・厚生労働省編

（制定履歴）

平成３１年３月２０日公表

令和元年５月１０日一部改正

令和元年１１月２９日一部改正

令和２年４月１日一部改正

○ 法務大臣は，出入国管理及び難民認定法（昭和２６年政令第３１９号。以下「法」という。）第２条の４第１項に基づき，特定技能の在留資格に係る制度の適正な運用を図るため，「特定技能の在留資格に係る制度の運用に関する基本方針」（平成３０年１２月２５日閣議決定）にのっとり，分野を所管する行政機関の長等と共同して，分野ごとに特定技能の在留資格に係る制度上の運用に関する重要事項等を定めた特定技能の在留資格に係る制度上の運用に関する方針を定めなければならないとされ，介護分野についても「介護分野における特定技能の在留資格に係る制度の運用に関する方針」（平成３０年１２月２５日閣議決定。以下「分野別運用方針」という。）及び「「介護分野における特定技能の在留資格に係る制度の運用に関する方針」に係る運用要領」（平成３０年１２月２５日法務省・警察庁・外務省・厚生労働省。以下「分野別運用要領」という。）が定められました。

○ また，法第２条の５の規定に基づく，特定技能雇用契約及び１号特定技能外国人支援計画の基準等を定める省令（平成３１年法務省令第５号。以下「特定技能基準省令」という。）及び出入国管理及び難民認定法第７条第１項第２号の基準を定める省令（平成２年法務省令第１６号。以下「上陸基準省令」という。）においては，各分野を所管する関係行政機関の長が，法務大臣と協議の上，当該分野の事情に鑑みて告示で基準を定めることが可能となっているところ，介護分野についても，出入国管理及び難民認定法第７条第１項第２号の基準を定める省令及び特定技能雇用契約及び１号特定技能外国人支援計画の基準等を定める省令の規定に基づき介護分野について特定の産業上の分野に特有の事情に鑑みて当該分野を所管する関係行政機関の長が定める基準（平成３１年厚生労働省告示第６６号。以下「告示」という。）において，介護分野固有の基準が定められています。

○ 本要領は，告示の基準等の詳細についての留意事項を定めることにより，介護分野における特定技能の在留資格に係る制度の適正運用を図ることを目的としています。

第１　特定技能外国人が従事する業務

【関係規定】

法別表第１の２「特定技能」の下欄に掲げる活動

一　法務大臣が指定する本邦の公私の機関との雇用に関する契約（第２条の５第１項
から第４項までの規定に適合するものに限る。次号において同じ。）に基づいて行う
特定産業分野（人材を確保することが困難な状況にあるため外国人により不足する
人材の確保を図るべき産業上の分野として法務省令で定めるものをいう。同号にお
いて同じ。）であつて法務大臣が指定するものに属する法務省令で定める相当程度の
知識又は経験を必要とする技能を要する業務に従事する活動

特定技能基準省令第１条第１項

出入国管理及び難民認定法（以下「法」という。）第２条の５第１項の法務省令で定
める基準のうち雇用関係に関する事項に係るものは，労働基準法（昭和２２年法律第
４９号）その他の労働に関する法令の規定に適合していることのほか，次のとおりと
する。

一　出入国管理及び難民認定法別表第１の２の表の特定技能の項の下欄に規定する産
業上の分野等を定める省令（平成３１年法務省令第６号）で定める分野に属する同
令で定める相当程度の知識若しくは経験を必要とする技能を要する業務又は当該分
野に属する同令で定める熟練した技能を要する業務に外国人を従事させるものであ
ること。

二～七（略）

分野別運用方針（抜粋）

５　その他特定技能の在留資格に係る制度の運用に関する重要事項

（１）１号特定技能外国人が従事する業務

身体介護等（利用者の心身の状況に応じた入浴，食事，排せつの介助等）のほ
か，これに付随する支援業務（レクリエーションの実施，機能訓練の補助等）と
し，訪問介護等の訪問系サービスにおける業務は対象としない。

分野別運用要領（抜粋）

第３　その他特定技能の在留資格に係る制度の運用に関する重要事項

１．１号特定技能外国人が従事する業務

介護分野において受け入れる１号特定技能外国人が従事する業務は，上記第１の
試験合格等により確認された技能を要する身体介護等（利用者の心身の状況に応じ
た入浴，食事，排せつの介助等）の業務をいう。

あわせて，当該業務に従事する日本人が通常従事することとなる関連業務（例：
お知らせ等の掲示物の管理，物品の補充等）に付随的に従事することは差し支えな
い。

また，１号特定技能外国人の就業場所は，技能実習同様，「介護」業務の実施が一

> 般的に想定される範囲，具体的には，介護福祉士国家試験の受験資格要件において「介護」の実務経験として認められる施設とする。

○　介護分野において受け入れる１号特定技能外国人は，特定技能基準省令第１条第１項に定めるとおり，相当程度の知識若しくは経験を必要とする技能を要する業務に従事することが求められるところ，本要領別表に記載された試験の合格，又は，介護福祉士養成施設修了により確認された技能を要する本要領別表に記載された身体介護等の業務に主として従事しなければなりません。

○　なお，身体介護等の業務とは，利用者の心身の状況に応じた入浴，食事，排せつ，整容・衣服着脱，移動の介助等をいいます。

○　また，分野別運用要領に記載するとおり，当該業務に従事する日本人が通常従事することとなる関連業務に付随的に従事することは差し支えありません。

○　なお，関連業務に当たり得るものとして，例えば，お知らせ等の掲示物の管理，物品の補充や管理が想定されます（注）。

（注）専ら関連業務に従事することは認められません。

【確認対象の書類】

○　介護分野における特定技能外国人の受入れに関する誓約書（分野参考様式第１－１号）

○　介護分野における業務を行わせる事業所の概要書（分野参考様式第１－２号）

○　指定通知書等の写し

【留意事項】

○　介護分野における業務を行わせる事業所の概要書（分野参考様式第１－２号）には，施設種別コード表（別紙）に記載の施設・事業のいずれに該当するかを記載していただき，記載した施設又は記載した事業を行う事業所であることを証明する書類として，自治体が発行する指定通知書等の写しを添付していただく必要があります。

○　指定通知書等とは，介護保険法等に基づく事業所の指定や，医療法に基づく病院等の開設許可を証する書面を指します。

第2　特定技能外国人が有すべき技能水準

【関係規定】

上陸基準省令（特定技能1号）

　申請人に係る特定技能雇用契約が法第2条の5第1項及び第2項の規定に適合すること及び特定技能雇用契約の相手方となる本邦の公私の機関が同条第3項及び第4項の規定に適合すること並びに申請人に係る1号特定技能外国人支援計画が同条第6項及び第7項の規定に適合することのほか，申請人が次のいずれにも該当していること。

　　一　申請人が次のいずれにも該当していること。ただし，申請人が外国人の技能実習の適正な実施及び技能実習生の保護に関する法律（平成28年法律第89号）第2条第2項第2号に規定する第2号企業単独型技能実習又は同条第4項第2号に規定する第2号団体監理型技能実習のいずれかを良好に修了している者であり，かつ，当該修了している技能実習において修得した技能が，従事しようとする業務において要する技能と関連性が認められる場合にあっては，ハ及びニに該当することを要しない。

　　　　イ〜ロ（略）

　　　　ハ　従事しようとする業務に必要な相当程度の知識又は経験を必要とする技能を有していることが試験その他の評価方法により証明されていること。

　　　　ニ　本邦での生活に必要な日本語能力及び従事しようとする業務に必要な日本語能力を有していることが試験その他の評価方法により証明されていること。

　　　　ホ〜へ（略）

　　二〜六（略）

分野別運用方針（抜粋）

　3　特定産業分野において求められる人材の基準に関する事項

　　　介護分野において特定技能1号の在留資格で受け入れる外国人は，以下に定める試験等に合格等した者又は介護分野の第2号技能実習を修了した者とする。

　（1）技能水準（試験区分）

　　　ア　「介護技能評価試験」

　　　イ　アに掲げる試験の合格と同等以上の水準と認められるもの

　（2）日本語能力水準

　　　ア　「国際交流基金日本語基礎テスト」又は「日本語能力試験（N4以上）」に加え，「介護日本語評価試験」

　　　イ　アに掲げる試験の合格と同等以上の水準と認められるもの

分野別運用要領（抜粋）

第1　特定産業分野において認められる人材の基準に関する事項

1．技能水準及び評価方法等（特定技能1号）

（2）「介護福祉士養成施設修了」（運用方針3（1）イ関係）

（技能水準）

　介護福祉士養成課程は，介護福祉の専門職として，介護職のグループの中で中核的な役割を果たし，介護ニーズの多様化等に対応できる介護福祉士の養成を図るものであり，介護福祉士養成課程の修了者は，介護分野において，一定の専門性・技能を用いて即戦力として稼働するために必要な知識や経験を有するものと認められることから，運用方針3（1）アに掲げる試験の合格と同等以上の水準を有するものと評価する。

（3）「EPA介護福祉士候補者としての在留期間満了（4年間)」（運用方針3（1）イ関係）

（技能水準）

　EPA介護福祉士候補者としての研修は，厚生労働省の定める受入れの実施に関する指針（厚生労働省告示）に基づき，介護福祉士養成施設の実習施設と同等の体制が整備されている等の要件を満たした介護施設等において，研修を統括する研修責任者並びに専門的な知識及び技術に関する学習や日本語学習の支援等を行う研修支援者が配置された上で，介護福祉士国家試験の受験に配慮した適切な内容の研修を実施するための介護研修計画が作成され，これに基づき受け入れること等が求められるものであり，当該施設において4年間にわたりEPA介護福祉士候補者として就労・研修に適切に従事した者は，介護分野において，一定の専門性・技能を用いて即戦力として稼働するために必要な知識や経験を有するものと認められることから，運用方針3（1）アに掲げる試験の合格と同等以上の水準を有するものと評価する。

2．日本語能力水準及び評価方法等（特定技能1号）

（4）「介護福祉士養成施設修了」（運用方針3（2）イ関係）

（日本語能力水準）

　介護福祉士養成施設については，留学に当たり，日本語教育機関で6か月以上の日本語の教育を受けたこと等が求められることに加え，入学後の2年以上の養成課程において450時間の介護実習のカリキュラムの修了が求められること等から，当該介護福祉士養成施設を修了した者は，運用方針3（2）アに掲げる試験の合格と同等以上の水準を有するものとし，上記（1）又は（2）及び（3）の試験（※）を免除する。

　（※）「国際交流基金日本語基礎テスト」，「日本語能力試験（N4以上）」及び「介護日本語評価試験」

（5）「EPA介護福祉士候補者としての在留期間満了（4年間)」（運用方針3（2）イ関係）

（日本語能力水準）

　EPA介護福祉士候補者は入国・就労に当たり一定の日本語能力を備えていること及び訪日後日本語研修等の修了が求められること等に加え，EPA介護福祉士候

補者としての研修は，厚生労働省の定める受入れの実施に関する指針（厚生労働省告示）に基づき，介護福祉士養成施設と同等の体制が整備されている等の要件を満たした介護施設等において，研修を統括する研修責任者並びに専門的な知識及び技術に関する学習や日本語学習の支援等を行う研修支援者が配置された上で，日本語で実施される介護福祉士国家試験の受験に配慮した適切な内容の研修を実施するための介護研修計画が作成され，これに基づき受け入れること等が求められるものであり，当該施設において4年間にわたりEPA介護福祉士候補者として就労・研修に適切に従事した者は，運用方針3（2）アに掲げる試験の合格と同等以上の水準を有するものと認められることから，上記（1）又は（2）及び（3）の試験を免除する。

第3　その他特定技能の在留資格に係る制度の運用に関する重要事項

　2．技能実習2号を良好に修了した者の技能及び日本語能力の評価

（1）「介護職種・介護作業」の第2号技能実習を良好に修了した者については，当該技能実習で修得した技能が，1号特定技能外国人が従事する業務で要する技能と，介護業務の基盤となる能力や考え方等に基づき，利用者の心身の状況に応じた介護を自ら一定程度実践できるレベルとされる点で，技能の根幹となる部分に関連性が認められることから，介護業務で必要とされる一定の専門性・技能を有し，即戦力となるに足りる相当程度の知識又は経験を有するものと評価し，加えて，介護現場で介護業務に従事する上で支障のない程度の水準の日本語能力も有すると評価し，上記第1の1の試験等及び上記第1の2（3）の試験を免除する。

（2）職種・作業の種類にかかわらず，第2号技能実習を良好に修了した者については，技能実習生として良好に3年程度日本で生活したことにより，ある程度日常会話ができ，生活に支障がない程度の日本語能力水準を有する者と評価し，上記第1の2（1）及び（2）の試験を免除する。

○　1号特定技能外国人として介護分野の業務に従事する場合には，本要領別表に定める技能試験及び日本語試験の合格等が必要です。

○　また，介護職種・介護作業の技能実習2号を良好に修了した者については上記の試験等が免除されます。

○　介護職種・介護作業以外の技能実習2号を良好に修了した者については，国際交流基金日本語基礎テスト及び日本語能力試験（N4以上）のいずれの試験も免除されますが，介護日本語評価試験は免除されないことに留意願います。

○　なお，介護分野においては，熟練した技能を有する外国人材は，介護福祉士資格を有する者として，在留資格「介護」での在留が可能であるため，特定技能2号での受入れは行いません。

【確認対象の書類】

＜試験合格者の場合＞

○　介護技能評価試験の合格証明書の写し

○　介護日本語評価試験の合格証明書の写し

○　次のいずれか

　・国際交流基金日本語基礎テストの合格証明書の写し

　・日本語能力試験（Ｎ４以上）の合格証明書の写し

　　＊ただし，修了した技能実習２号の職種・作業の種類にかかわらず，技能実習２
　　　号を良好に修了した者は，国際交流基金日本語基礎テスト及び日本語能力試験
　　　（Ｎ４以上）のいずれの試験も免除されます。

＜試験合格と同等以上の水準と認められるものの場合＞

○　介護福祉士養成施設修了の場合

　・介護福祉士養成施設の卒業証明書の写し

○　ＥＰＡ介護福祉士候補者としての在留期間満了（４年間）の場合

　・直近の介護福祉士国家試験の結果通知書の写し

＜介護職種・介護作業の技能実習２号修了者の場合＞

○　技能実習２号修了時の技能実習評価試験に合格している場合

　・介護技能実習評価試験（専門級）の実技試験の合格証明書の写し

○　技能実習２号修了時の技能実習評価試験に合格していない場合

　・技能実習生に関する評価調書（参考様式第１－２号）

＊詳細は「特定技能外国人受入れに関する運用要領」の「第４章第１節（３）技能水準
に関するもの」を御参照ください。【留意事項】

○　４年間にわたりＥＰＡ介護福祉士候補者として就労・研修に適切に従事したとし
　て技能試験の合格等の免除の対象となる場合には，ＥＰＡ介護福祉士候補者として
　の就労・研修を３年10か月以上修了した後，直近の介護福祉士国家試験の結果通知
　書を提出し，合格基準点の５割以上の得点であること及びすべての試験科目群で得
　点があることについての確認が必要です。

○　技能実習２号を良好に修了したとして技能試験の合格等の免除を受けたい場合に
　は，技能実習２号を良好に修了したことを証するものとして，技能実習２号修了時
　の介護技能実習評価試験（専門級）の実技試験の合格証明書の提出が必要です。

○　介護技能実習評価試験（専門級）の実技試験に合格していない場合には，技能試
　験及び日本語試験を受験し合格するか，実習実施者が作成した技能等の修得等の状
　況を評価した文書の提出が必要です。

第3　特定技能雇用契約の適正な履行の確保に係る基準

【関係規定】

特定技能基準省令第2条

　法第2条の5第3項の法務省令で定める基準のうち適合特定技能雇用契約の適正な履行の確保に係るものは，次のとおりとする。

　一～十二（略）

　十三　前各号に掲げるもののほか，法務大臣が告示で定める特定の産業上の分野に係るものにあっては，当該産業上の分野を所管する関係行政機関の長が，法務大臣と協議の上，当該産業上の分野に特有の事情に鑑みて告示で定める基準に適合すること。

2　（略）

告示第2条

　介護分野における特定技能雇用契約及び1号特定技能外国人支援計画の基準等を定める省令（平成31年法務省令第5号）第2条第1項第13号に規定する告示で定める基準は，特定技能雇用契約の相手方となる本邦の公私の機関が次の各号のいずれにも該当することとする。

　一　出入国管理及び難民認定法別表第1の2の表の特定技能の項の下欄第1号に掲げる活動を行おうとする外国人（以下この条において「1号特定技能外国人」という。）を受け入れる事業所が，介護等の業務（利用者の居宅においてサービスを提供する業務を除く。）を行うものであること。

　二　1号特定技能外国人を受け入れる事業所において，1号特定技能外国人の数が，当該事業所の日本人等（出入国管理及び難民認定法別表第1の2の表の介護の在留資格，5の表の特定活動の在留資格（経済連携協定に基づき社会福祉士及び介護福祉士法（昭和62年法律第30号）第2条第2項に規定する介護福祉士として従事する活動を指定されたものに限る。）又は別表第2の上欄の在留資格をもって在留する者及び日本国との平和条約に基づき日本の国籍を離脱した者等の出入国管理に関する特例法（平成3年法律第71号）に定める特別永住者を含む。）の常勤の介護職員の総数を超えないこと。

　三　厚生労働大臣が設置する介護分野における特定技能外国人の受入れに関する協議会（以下この条において「協議会」という。）の構成員であること。ただし，1号特定技能外国人を受け入れていない機関にあっては，1号特定技能外国人を受け入れた日から4月以内に協議会の構成員となること。

　四　協議会に対し，必要な協力を行うこと。

　五　介護分野への特定技能外国人の受入れに関し，厚生労働大臣が行う必要な調査，指導，情報の収集，意見の聴取その他業務に対して必要な協力を行うこと。

○ 特定技能雇用契約の適正な履行の確保に係る基準として，介護分野に特有の事情に鑑みて特定技能基準省令第2条第1項第13号に基づき告示をもって定めたものです。

○ 介護分野の1号特定技能外国人を受け入れる事業所は，介護福祉士国家試験の受験資格の認定において実務経験として認められる介護等の業務に従事させることができる事業所でなければなりません。また，訪問介護などの訪問系サービスについては，利用者，1号特定技能外国人双方の人権擁護，適切な在留管理の観点から，1号特定技能外国人の受入れ対象とはなりません。

○ 1号特定技能外国人の人数枠は，事業所単位で，日本人等の常勤の介護職員の総数を超えないこととされています。日本人「等」については，告示にあるとおり，次に掲げる外国人材が含まれます。
  ① 介護福祉士国家試験に合格したEPA介護福祉士
  ② 在留資格「介護」により在留する者
  ③ 永住者や日本人の配偶者など，身分・地位に基づく在留資格により在留する者

○ このため，日本人「等」の中には，技能実習生，EPA介護福祉士候補者，留学生は含まれません。

○ 初めて介護分野の1号特定技能外国人を受け入れた場合には，当該1号特定技能外国人の入国後4か月以内に，厚生労働大臣が設置する介護分野における特定技能外国人の受入れに関する協議会に加入し，加入後は，協議会に対し，必要な協力を行うなどしなければなりません。

○ 入国後4か月以内に協議会に加入していない場合には，1号特定技能外国人の受入れができないこととなります。

○ また，協議会に対し，必要な協力を行わないなどした場合には，基準を満たさないことから，特定技能外国人の受入れができないこととなります。

○ なお，介護分野における特定技能外国人の受入れに関する協議会についての問合せ先は次のとおりです。
  厚生労働省　社会・援護局　福祉基盤課　福祉人材確保対策室
  Ｅ－ｍａｉｌ： kaigo-kyogikai@mhlw.go.jp

【確認対象の書類】
○ 介護分野における特定技能外国人の受入れに関する誓約書（分野参考様式第1－1号）
○ 介護分野における業務を行わせる事業所の概要書（分野参考様式第1－2号）
○ 介護分野における特定技能外国人の受入れに関する協議会の構成員であることの証明書
【留意事項】

○　特定技能所属機関が，初めて1号特定技能外国人を受け入れる場合には，地方出入国在留管理局に対する在留諸申請の際に，当該1号特定技能外国人の入国後4か月以内に介護分野における特定技能外国人の受入れに関する協議会の構成員となる旨の誓約書の提出が必要です。

○　特定技能所属機関が，2回目以降に受け入れる1号特定技能外国人に係る在留諸申請（初めて特定技能外国人を受け入れてから4か月以内の申請を除く。）及び介護分野における特定技能外国人の受入れに関する協議会の構成員となる旨の誓約書を提出して受け入れた1号特定技能外国人に係る在留期間更新許可申請の際には，介護分野における特定技能外国人の受入れに関する協議会の構成員であることの証明書の提出が必要です。なお，申請の際に提出がない場合には当該申請は不許可となることに留意してください。

○　1号特定技能外国人の受入れ後に当該1号特定技能外国人が業務に従事する事業所に変更がある場合には，特定技能雇用契約変更の届出が必要です。届出に当たっては，次の書類を添付してください。届出の詳細は「特定技能外国人受入れに関する運用要領」の「第7章第1節第1」を御参照ください。

・介護分野における業務を行わせる事業所の概要書（分野参考様式第1－2号）

・指定通知書等の写し

第4　上陸許可に係る基準

【関係規定】

上陸基準省令（特定技能１号）

　申請人に係る特定技能雇用契約が法第２条の５第１項及び第２項の規定に適合すること及び特定技能雇用契約の相手方となる本邦の公私の機関が同条第３項及び第４項の規定に適合すること並びに申請人に係る１号特定技能外国人支援計画が同条第６項及び第７項の規定に適合することのほか，申請人が次のいずれにも該当していること。

　　一～五（略）

　　六　前各号に掲げるもののほか，法務大臣が告示で定める特定の産業上の分野に係るものにあっては，当該産業上の分野を所管する関係行政機関の長が，法務大臣と協議の上，当該産業上の分野に特有の事情に鑑みて告示で定める基準に適合すること。

告示第１条

　介護分野における出入国管理及び難民認定法第７条第１項第２号の基準を定める省令（平成２年法務省令第１６号）の表の法別表第１の２の表の特定技能の項の下欄第１号に掲げる活動の項の下欄第６号に規定する告示で定める基準は，申請人（同令本則に規定する申請人をいう。以下この条において同じ。）に係る特定技能雇用契約（出入国管理及び難民認定法（昭和２６年政令第３１９号。）第２条の５第１項に規定する特定技能雇用契約をいう。次条において同じ。）において，当該申請人を労働者派遣事業の適正な運営の確保及び派遣労働者の保護等に関する法律（昭和６０年法律第８８号）第２条第１号に規定する労働者派遣の対象としない旨が定められていることとする。

○　在留資格「特定技能１号」に係る上陸基準として，介護分野に特有の事情に鑑みて同在留資格に係る上陸基準省令第６号に基づき告示をもって定めたものです。

○　１号特定技能外国人を受け入れるに当たっては，当該外国人は労働者派遣によるものであってはならないとするもので，１号特定技能外国人を派遣することも派遣された者を受け入れることもできません。

○　１号特定技能外国人を派遣し，又は，派遣された者を受け入れた場合には，入国・在留諸申請において不正に許可を受けさせる目的での虚偽文書の行使等に該当し，出入国に関する法令に関し不正又は著しく不当な行為を行ったものとして，以後５年間は，特定技能外国人の受入れができないこととなります。

【確認対象の書類】

○　介護分野における特定技能外国人の受入れに関する誓約書（分野参考様式第 1 −
　1 号）

共通（特定技能1号・2号）	特定技能1号						特定技能2号
特定技能外国人が従事する業務区分	技能水準及び評価方法等	日本語能力水準及び評価方法等		試験免除等となる技能実習2号			技能水準及び評価方法等
				職種	作業		
【特定技能1号】 身体介護等（利用者の心身の状況に応じた入浴、食事、排せつの介助等）のほか、これに付随する支援業務（レクリエーションの実施、機能訓練の補助等） ※利用者の居宅で行われるものは対象外	介護技能評価試験	介護日本語評価試験	国際交流基金 日本語基礎テスト 日本語能力試験 （N4以上）	介護	介護		
	介護福祉士養成施設修了	免除	免除				

（注）修了した技能実習2号の職種・作業の種類にかかわらず、技能実習2号を良好に修了した者は、国際交流基金日本語基礎テスト及び日本語能力試験（N4以上）のいずれの試験免除、介護技能評価試験及び介護日本語評価試験（N4以上）のいずれの試験も免除されます。

《編著者プロフィール》
佐藤　修：公益財団法人 入管協会 会長
　【履歴】法務省入国管理局審査指導官
　　　　　法務省名古屋入国管理局長
　　　　　法務省大阪入国管理局長
　　　　　2020年1月から現職

介護就労を目指す外国人の入国および在留に関する解説とＱ＆Ａ［第2版］
　─外国人介護職の正しい雇用のために─

令和3年　4月26日　第2版発行

編　著　佐藤　修
監　修　公益財団法人　入管協会
発行者　上條　章雄

KOYU 厚有出版　〒106-0041 東京都港区麻布台1-11-10 日総第22ビル7階
TEL.03-6441-0389　FAX.03-6441-0388
http://www.koyu-shuppan.com/

印刷・製本所　株式会社 ディグ